JN066126

スマートシンキングで
進める工場変革

つながる製造業の現場改善とITカイゼン

インダストリアル・バリューチェーン・イニシアティブ理事長

西岡靖之 著

日刊工業新聞社

はじめに

　2014年の春、第4次産業革命（インダストリー4.0）に関するドイツからのレポートを初めて手にしたとき、製造業の未来の風景が、筆者の中でこれまでのモノトーンの世界から色彩豊かな景色に変わったように思う。そして同時に、世界に冠たるわが国の製造業は、このタイミングで大きく変わらなければ未来がないという危機感も同時に感じた。

　とは言っても、多くの製造業の関係者の第一印象と同じように、日本のものづくりのこれまでの経緯や価値観からすれば、ドイツ発のこのコンセプトがそのまま定着しないことも容易に想像できた。ならば、日本的なものづくりを基軸とした第4次産業革命を進めるためのしくみが必要である。そのような経緯で、インダストリアル・バリューチェーン・イニシアティブ（IVI）が設立された。

　その後、経済産業省も第4次産業革命というキーワードを大々的に取り上げ、多くの製造業がこのテーマに取り組んだ。従来からあった自動化やデジタル化との違いは、協調領域の拡大による"つながる化"の推進である。IVIは特に、企業単独では難しかったIoTやAIの実証実験を数多く行い、普段なら出会うこともない担当者や管理者の企業を超えた"つながる化"にも大きく貢献した。この活動をメソドロジーとして裏で支えてきたのが、本書で紹介する"スマートシンキング"である。

　設立当時の業務シナリオワーキンググループの成果報告書には、やりとりチャートやロジックチャートなどが多用されており、当時からこの手法の片鱗が確認できる。ただし、当時は模造紙とポストイットによる情報共有であった。本書で紹介するように、スマートシンキングとしてそれらの知の断片をデジタル化し、再利用できるようになるのはそれから数年後のことである。

　ドイツで第4次産業革命のコンセプトが発表されて10年、日本で注目されてほぼ7年の月日が経つ。その間に何が変わったかというと、革命というキーワードに相当するような大きな時代の変化は見当たらない。むしろコロナ禍により、その外部要因として製造業は否応なしにデジタル化が進みつつある。し

かし、そうした中で、確かな成果としてスマートシンキングの概念が具体化され、手法としてのツールも洗練されていった。

　現在のような不確実な時代において最優先とすべきなのは、人財への投資であり、これまでの貴重な知的財産の棚卸ではないだろうか。それぞれの人が持つ技術やノウハウが組織力の源泉であるとするならば、それらを見える化し、顕在化させ、組織が持つ総合力として、不確実な時代においても最大限のパフォーマンスが発揮できるように備えるべきである。スマートシンキングは、こうした企業や団体が持つ問題意識に応える組織学習のための手法でもある。

　本書は、主に三つのパートで構成されている。まず、第1章から第3章までは導入として、製造業とデジタル化の関係について整理する。特に中小製造業ではなぜIT化が進まないのかについてその原因を議論し、その解決策として、ITカイゼンという現場改善アプローチを提案する。また、これからのデジタル時代に必要となる標準化や共通モデルを活用し、企業の変革のための見取り図を作成するための道筋も併せて示す。

　続く第4章から第8章は、スマートシンキングの中核となる16種類のチャートの活用方法について示している。まず第4章において、スマートシンキングの基本部品に相当する20の知識要素を説明し、それらを用いたチャートを四つのカテゴリーに分けて解説する。それぞれのチャートの説明では、簡単な利用例と知識要素の構造を示しており、必要に応じて必要なチャートのページを参照できるようになっている。

　最後のパートとして、第9章から第12章はスマートシンキングの具体的な適応事例となる。ここで取り上げる会社は仮想企業であるが、IVIの活動の中で実際に扱った企業事例や、筆者がこれまでに関係してきた事例などをもとに、より現実的な課題や取組をまとめたものとなっている。スマートシンキングのためのチャートの記述例を示すとともに、中小製造業のデジタル化による変革のための具体的な事例としても参考になるよう意識した。

　本書は、中小製造業のデジタル化のための教科書という位置づけもあるが、できるだけ即効性のある指南書となるような構成とした。まず、中小製造業のDXの進め方について関心がある読者は、第1章と第2章、そして第12章から読むとよいだろう。さらに、DXを企業の変革のための取組としてより広い視点から位置づけるためには第3章も重要となる。

　中小製造業のデジタル化を現実の課題として取り組んでいる読者は、第9章の生産管理の取り組み例、第10章の在庫管理の取り組み例、そして第11章の設備管理の取り組み例について、自社の問題と対比しながら読むことで、何らかのヒントが得られるかもしれない。

　そして、実際にスマートシンキングの手法を実践するため、まずはチャートを書くところからスタートしたい場合には、第4章から第8章までが参考となる。これらの章は、それぞれのチャートを利用する時点で必要に応じて参照して欲しい。各チャートは、専用のツールやソフトウェアを利用しなくても、図形の表記ルールさえ守れば、一般的な描画エディターでも十分である。

　本書では、繰り返し、日本の現場力の強さを強調している。この強みを受け継いでいる多くの人に本書を読んでもらいたい。この強みをデジタルの時代にそのまま持ち込むことができれば、日本のものづくりの未来は安泰だからである。しかし、そのためには越えなければならない壁も多い。欧米型のデジタル化をそのまま受け入れ追随するのではなく、スマートシンキングによって日本的なデジタル化をあえて試みる価値はあると思う。本書が新たな製造業の飛躍のための一助となれば幸いである。

　2021年11月

西岡 靖之

スマートシンキングで進める工場変革
つながる製造業の現場改善とITカイゼン

目　次

第 7 章　システムの設計の道具

第 8 章　システムの実装の道具

第12章　さあ、始めよう!

第 1 章

ものづくりのデジタル化

　ものづくりのデジタル化は、必ずしも自動化、無人化を目指す取組ではない。ものづくりに必要な情報はデジタル化し、データとして扱えるようにすることで、コンピュータを用いて高速に、正確に、大量に計算できる。そして、データとすることで、さらに情報の共有や再利用が容易となる。ものづくりの現場はモノの世界である。これまではモノと情報は一体として扱ってきた。しかし、ものづくりのデジタル化により、情報はモノから離れ、瞬時に世界中を飛び回ることができるようになった。ものづくりの現場は、むしろ情報の伝達や共有、そして再利用においてデジタル化の効果が大きいのである。本章では、ウィズコロナ、アフターコロナの時代において、デジタル化を進める製造業の現状と、あるべき姿を示し、そこへ向かう上で考慮すべき課題をまとめる。

1-1 製造業のDX

　18世紀半ばから19世紀にかけて起こった産業革命により、いわゆる工業化がスタートした。産業としての製造業の起点と言える。そこで起きたものづくりの改革を、主に石炭や火力を動力としたエネルギー革命とすると、19世紀後半に起きた第2次産業革命によって、電気や石油を動力とする大量生産、大量消費の時代となり、そして20世紀後半の第3次産業革命では、コンピュータやロボティクスによる自動化が製造業の在り方を大きく変えた（**図1-1**）。

　そして現在、進行中の第4次産業革命ではものづくりのデジタル化、データ化など、通信技術やソフトウェア技術による大きな変革が起きている。こうした産業のデジタル化の流れは、デジタルトランスフォーメーション（DX）として、製造業を超えてあらゆる産業のあらゆる企業に大きなインパクトを与えつつある。

　日本政府はこうした時代の大きな流れをとらえ、Society 5.0（超スマート社会）として狩猟社会、農耕社会、工業社会、そして情報社会に続く新たな社会の到来であるとした。"スマート"という用語は、スマートフォンの登場によって"洗練された""賢い"といった意味とともに、"デジタル技術やネットワーク技術によって高機能化された"という意味で使われるようになった。すなわち、超スマート社会はデジタル技術やネットワーク技術によってさまざまな課題を解決し、人々が活き活きと活動できる社会を目指している。

　一方、足元では、製造業は大きな岐路に直面している。製造業のIT化やデジタル化は、今に始まったものではないし、戦略、改革、イノベーションといったキーワードも、言葉としては目新しいものではない。DXもそうした言葉の置き換えでしかないという見方もできる。

　しかし、巨大なITプラットフォーマーやテック企業が世の中を席巻するデジタル化の波が、製造業の工場の隅々までやってくる日はそれほど遠くはないだろう。ディスラプト（破壊）テクノロジーとも言われるデジタル化技術は、これから未来に向かう製造業にとって強力な武器にもなるが、滅びゆく製造業に対する凶器となる可能性もある。

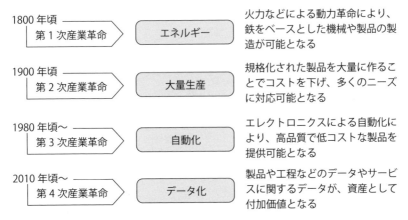

1800 年頃 第1次産業革命 >	エネルギー	火力などによる動力革命により、鉄をベースとした機械や製品の製造が可能となる
1900 年頃 第2次産業革命 >	大量生産	規格化された製品を大量に作ることでコストを下げ、多くのニーズに対応可能となる
1980 年頃〜 第3次産業革命 >	自動化	エレクトロニクスによる自動化により、高品質で低コストな製品を提供可能となる
2010 年頃〜 第4次産業革命 >	データ化	製品や工程などのデータやサービスに関するデータが、資産として付加価値となる

図1-1 製造業にとっての産業革命

テック系IT企業を例に説明しよう。急成長するIT企業の多くは、スケール型のビジネスモデルを基本としている。ここでスケールとは、事業規模が拡大、つまりスケールアップするしくみを指す。たとえば、スタートアップ企業が、一つのサービスをソフトウェアを用いて具体化し、10社の顧客を獲得したとする。スケール型のビジネスモデルは、この10社が100社、あるいは500社となるための期間および追加費用が、それほど必要とはならない構造となっている。言い換えれば、新たな顧客を1社増やすための限界費用を、限りなくゼロに近づけたしくみである。

いくつもの産業革命を経て現在に至る製造業の歴史を、こうしたスケールという視点でたどってみよう。産業革命前のものづくりは、一つの製品を1回の労力で生産するのに、一人の生産者が必要であった。これが産業革命による機械化、自動化により、一人の生産者が1回の労力でN個生産可能となった。生産性はN倍である。20世紀後半の第3次産業革命では、このように1回の労力当たりの製品の生産性を飛躍的に高めた。

第4次産業革命あるいはSociety 5.0では、製品の数量ではなく、製品が提供する価値を最大化することに注目する。すなわち、製品が価値を生み出す個々の消費の現場において、その場のニーズに合った機能を提供することが求められる。たとえば、一つの製品でM種類のサービスに対応できるとすれば、N×M倍の消費のバリエーションを製品とサービスが融合することで、物理的な1回の労力でまかなうことが可能となるのである（**図1-2**）。

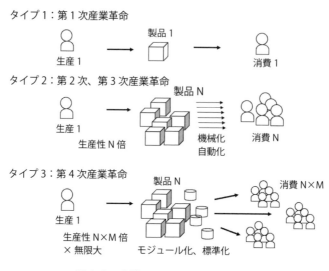

タイプ1：第1次産業革命

生産1　製品1　消費1

タイプ2：第2次、第3次産業革命

生産1　製品N　消費N
生産性N倍　機械化
自動化

タイプ3：第4次産業革命

生産1　製品N　消費N×M
生産性N×M倍
×無限大　モジュール化、標準化

図1-2　産業のスケール構造の変遷

　インターネットの普及により、消費者の購買行動に関する意思決定プロセスの大半がリアルからネットの世界に移行した。それに伴い、多くの商店が廃業していった。下請け型の中小製造業の廃業が進んでいる主たる要因はデジタル化ではないものの、こうした流れの大きな要因の一つであることは間違いない。デジタル化とネットワーク化は、既存の取引関係のスイッチング（切替）コストを飛躍的に押し下げる。結果として、より生産性が高く、スケールする要素を持った企業に取引が集まるという構造となるのである。

　こうした時代の流れは現在、リアルな現場を持ち、多くの受注を抱えている製造業にとって、今日、明日の経営には大きな影響はないかもしれない。しかし、今後3年、5年、そして10年という時間軸で考えると、避けては通れない現実となるだろう。

　では、どう対応すべきなのか。生産現場を持たないファブレス企業になることが唯一の解決策であるわけでもない。下請け型の中小製造業も含め、こうした時代の流れをチャンスととらえて成長する方法はいくらでもある。詳細は本書の中で解説していくが、ここで重要なのは、こうした流れがもたらす世界を製造業全体で見た場合に、総じて中小企業の取引の総額を増やす方向に働くという点である。つまり、デジタル化は、立場の弱い企業をふるいにかけるものではなく、小回りのきく小さな企業がより強くなるための取組なのである。

1-2　生産現場の理想と現実

　日本のものづくりの強みを一言で言うならば、"現場力"だろう。日本の製品の品質の高さは、現場力の高さに起因していると言ってよい。どれだけ設計が優れていても、多くの場合、設計の通りにモノはできない。現場のさまざまな環境条件や設備の状態、材料のばらつきなど製造の前提は常に変わる。このような状況において、現場は臨機応変な対応によって要求された仕様に落とし込む。これは、高度な技能と経験に裏打ちされた職人技の世界だろう。

　これに対して、日本のものづくりの弱みは"IT活用力"である。先進的な企業を除き、多くの現場はホワイトボードと帳票で日々の仕事が進められている。これには大企業も含まれる。ITがものづくりの現場で活用されていないのは、これまでのITが、現場の作業者の臨機応変な意思決定に追従できていなかったからであると考えることができる。つまり、日本のものづくりの強みと弱みは裏腹の関係にある。

　しかし、デジタル化の時代となり、状況は大きく変化した。IT化されていない現場は柔軟で自律的ではあるものの、外部からは見えない、外部とつながらない、外部から見れば融通がきかない存在となりつつある。コロナ禍により、この状況はさらに顕著となった。現場に実際に出向き、担当者に話を聞き、対象とするモノを目で見て確認しなければならない状況はNGなのである。

　では、どうすればよいのか。もちろん、現場の抵抗を抑え込み、強引にIT化を進めることでは何も解決しないばかりか、かえって競争力を失うことになるだろう。解決策は簡単ではないが、確実に存在する。ここでは、具体的な解決策の議論の前に、まずは製造業におけるものづくり現場のIT化の現状について、おさらいしておく。

　大企業であれば、社内に情報システム部門が存在し、ITを専門とする技術者がいる。中小企業でも50人を超えるくらいの規模の会社なら、ITに関する課題を扱う担当者がいる場合が多い。どの事務所でも、コンピュータは情報伝達においてなくてはならない存在となっており、工場に関してももはやコンピュータが存在しない工場を探すほうが難しい。しかし、残念ながらものづく

りの現場の大半は、コンピュータの指示では動いていない。そして現場のリアルな状況は、コンピュータの中からは読み取ることができない。つまり、IT化されていないのだ。

　さらに、社内で大々的に立ち上げたITプロジェクトも、当初想定した効果を挙げていないという報告がいくらでもある。人財と資金を投入すれば解決する、という問題でもないようだ。逆に資金を投入したので今さら止められないという状況の中で、形としては動いているが、かえって現場の柔軟性を阻害しているシステムもある。「ERPを導入したらかえって手間が増え、在庫も増えた」「スケジューラーを導入したが1年後には使われなくなった」「最新鋭の設備を導入したが、スループットが上がらない」「進捗管理システムはあるのに現場がデータを入力しない」という例だ。これらは、IT投資後の“あるある話”の代表である。

　図1-3は、日本の多くのものづくりの現場におけるIT化の状況を模式的、イメージ的に描いたものである。ここで示しているように、実際にものづくりの現場がデータやデジタル技術を活用していないかというと、そうではない。むしろ、それぞれの現場でそれぞれ独自の方法で、さまざまなデータが存在するのが実情である。

　問題は、そうしたデータが属人的であったり、業務固有の形式なので外部からは意味が理解できなかったりする点である。変化が激しい環境に身を置くほど、つながらないデータはどんどん陳腐化し、工事現場の瓦礫のごとく通行の邪魔となり、全体の見通しを悪くする。これからの時代、デジタルでつながらないことは業務の効率性を極端に落とすことになり、変化への対応力を欠いた組織となる。その先にあるのは、ディスラプション（破壊）である。

　担当者が個人ベースで知識やノウハウをデジタル化、データ化するだけではなく、ITを業務の流れや仕事のやり方、知識の共有と再生産のための新たなしくみとして構築するというアプローチが、なぜここまで停滞しているのか。拙速な犯人捜しをする前に、まずはその本質を正しく理解し、的確な対応を今一度考え直す必要があるだろう。

　ITがものづくりの現場に特に受け入れられない理由は、その柔軟性、拡張性にある。ITのシステムは、それ自体は人工物であるので、あらかじめ定義したことしかできない。これに対して、ものづくりの現場は常に新しい状況に対応した問題解決の繰り返しとなる。当初、想定していなかった状況が常に発

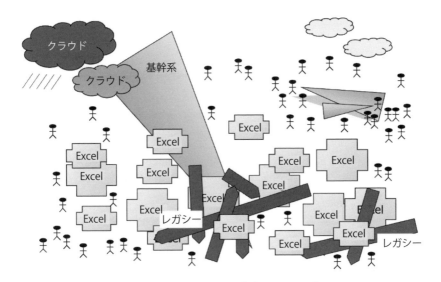

図1-3　中小製造業のデジタル化の現状

生する現場の担当者としては、システムがそうした状況に対応してくれると期待するのは自然だろう。

　一方、プログラムは簡単に変えられないし、開発途中の仕様変更は膨大な追加作業を必要とする。結果として、IT側からすれば**図1-4**に示すように、一般の世界に相当するものづくりの現場との間に壁を作り、防御手段として次々に変化する現場の要望が入ってこないようにする。

　当然のことながら、このようなIT側の事情を知らない現場の担当者たちは、融通のきかない相手として不信感を募らせる。最終的にはITに多くを期待せず、自分流のデジタル化に走るのである。

　こうした現場の判断は、ある意味で正しい選択であると言わざるを得ない。IT化によって、現に生産している製品が生産できなくなり、品質が低下することがあってはならない。その場合の責任はすべて工場側にある。

　実はこれは、わが国に見られる固有の問題であって、海外、特に途上国の場合は状況が異なる。そもそも工場には何もないところからのスタートである場合が多く、むしろ生産のノウハウを含むITをそのまま使ったほうが、工場の立上げや設備の導入が早く、大きな成果につながりやすい。その結果、自ずとITが普及する。

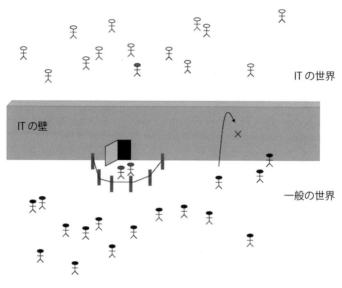

IT の世界

IT の壁

一般の世界

図1-4　進化を拒むITシステム

　こうして海外では、日本の現場にとっては融通のきかないITであっても、投資対効果が見込めるところから確実に成果を挙げている。そして、システムを使い込んでいくことで、IT主導で改良が重ねられていくだろう。気がつけば、ITと現場が一体となった、つながるしくみが形成され、「つながらない」日本の工場を凌駕するときがくるかもしれない。

1-3 スマートシンキング

　製造業にとってIT化、デジタル化は、もはや避けて通ることができないのは自明だろう。ITが嫌いなものづくりの現場、あるいはITが苦手なものづくりの現場が存在していることを前提として、現場における意思決定のIT化、デジタル化を進めるにはどうすればよいか。その答えは、スマートシンキングにある。

　スマートシンキングとはものづくりの現場が主体となり、デジタル技術を用いて、組織が持つ知の共有と利活用を図るための手法である。組織を構成するメンバーは、それぞれが有する知識や経験を持ち寄り、組織内で共有し再定義することで内部化を図る。スマートシンキングでは、個人ではなく組織の思考として問題をとらえ、自らが変容することも含めて、ものづくりに関係する組織内の構造改革を行い、結果として相互のつながりも常に変化する。

　スマートシンキングは、ボトムアップで自律分散型の取り組みと言えるが、既存の組織の枠を超えた相互理解のためのしくみでもある。また、業務の壁や部門の壁を超えて社内を横断するつながるしくみを、全体最適の視点からトップダウンに再定義するためのきっかけにもなる。

　図1-5にスマートシンキングの特徴をまとめた。それぞれについて以下に説明する。

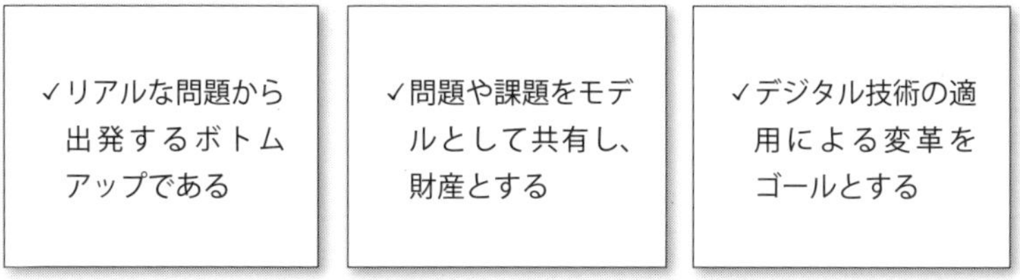

✓リアルな問題から出発するボトムアップである	✓問題や課題をモデルとして共有し、財産とする	✓デジタル技術の適用による変革をゴールとする

図1-5　スマートシンキングの特徴

リアルな問題から出発するボトムアップであること

　さまざまな問題は、突き詰めて考えれば、すべて現状とあるべき姿とのギャップとして認識される。言い換えれば、それぞれの現状を無視した問題への取組は、成果につながらないばかりか、何をもって成果とするかに関してすら曖昧となる。

　問題を明らかにするために、あるべき姿、ありたい姿の側から出発してももちろんよい。ただし多くの場合、現実とのギャップが大きすぎて、問題解決のステップに至らない。つまり、どこから手をつけてよいのかわからない、という状況となる。

　したがって、まずは現地、現物、現実からスタートすることが、スマートシンキングにおける問題解決の基本となる。あるがままの現実を踏まえた上で、そこから得られた問題や課題を出発点とするアプローチは、ボトムアップ型の問題解決プロセスとして分類される。現実の問題や課題は現場をよく知る担当者しか知らない情報であり、組織階層として見ればボトム側に位置づけられるからである。

　ちなみに、スマートシンキングはボトムアップアプローチであるが、同時に組織全体で共有された目標に対するゴールドリブン（ゴール駆動）型のアプローチでもある。すなわち、ボトムアップに提起された問題や課題は組織全体で共有され、今度はそこから新たに設定された目標を起点としたアプローチに置き換わる。

問題や課題をモデルとして共有し財産とすること

　スマートシンキングでは、組織の思考プロセスをデジタル技術で強化する。思考のデジタル化というと、あたかも人間が機械のように杓子定規ではかった範囲で振る舞うことだけが許され、歯車となってデジタルの中に組み込まれるイメージがある。しかし、もちろんそうではない。

　思考プロセスのデジタル化とは、人と人との意思伝達や合意形成においてデジタル表現されたコンテンツを利用し、それらを組み合わせ、掛け合わせて解決策を議論することを言う。そこで得られた解決策はデジタルで表現され、そのコンテンツは組織内で共有される。これらのコンテンツは組織が持つ知の断片であり、それらが蓄積されることで、過去の事例との比較や未来へ向けての

解析が可能となる。このために、スマートシンキングは組織的な問題解決の方法論として、チャートや定義要素などの道具が整備されている。

　スマートシンキングの実践のためには、そこで明らかになった問題や解決策の一部を、さまざまなチャートとして表現する。第4章以降で解説するように、チャートを構成する定義要素は一般的な名詞や動詞、あるいはそれらを含む文章として記述される。ただし、スマートシンキングでは、それらの定義要素の種類がその内容の本来的な意味に対応してあらかじめ定めている。したがって、チャートを書くときはそれらの定義要素の種類を選び、そこに個別の意味を当てはめる形で具体化する。

　たとえば、ある工場において"NC工作機械-01"という設備は、"モノ"という定義要素で表現され、それを操作する"操作員003"は"役者"という定義要素で表現される。また、「NC工作機-01を起動する」という動作は"活動"という定義要素で表現される。そして、これらの関係はやりとりチャートによって、矢印などを用いて表現される。

　このように、スマートシンキングではその現場にいる人は誰でも知っていることも、あえてチャートとして表現することで、そこに潜んでいるかもしれない問題をデジタル技術によって関係者と共有し、さまざまな立場からさらに知識を追加していくことを可能とする。このようにスマートシンキングで利用するチャートは、デジタルで表現し、デジタルでコミュニケーションするための道具であるが、それを用いて問題解決を実践する構成メンバーの思考プロセスはアナログである。

デジタル技術の適用による変革をゴールとすること

　スマートシンキングは、ゴールドリブン（ゴール駆動）でもあると述べた。ここで、そのゴールを設定するのはそれぞれの組織のメンバーであり、企業が持つ理念や置かれた環境による。スマートシンキングでは、そのゴールを設定するためのプロセスを提供するが、ゴールそのものを提示するわけではない。

　ただし、そこで設定するゴールはどのようなものであってもよいということではなく、そこには条件がある。すなわち、組織が新たに設定するゴールは、デジタル技術を活用したものであること、データを用いた意思決定や意思伝達がその中核となっていること、などである。デジタル化はあくまで手段であるが、そうした手段を用いればこそ可能となるゴールが存在するはずなのであ

る。

　従来のIT化は、人の作業の置き換えであり、省力化、省人化がプロジェクト成功の指標となっていた。これに対してデジタル化、データ化は、省力化、省人化を超えて新しい業務の流れ、価値の形成につなげることができる。情報の伝達、意思の伝達に対してデジタル技術を活用することで、これまで当たり前だった仕事のやり方が大きく変わる。

　こうした取り組みのためには、従来の改善活動からさらに踏み込んで、そもそも何がやりたいのか、何が問題なのかを部門横断的に考え、ゴールを設定するプロセスが必要となる。このように、スマートシンキングは組織のゴールをデジタル技術の活用を前提として再定義するところが、重要な特徴の一つとなる。

第 **2** 章

現場改善とITカイゼン

　昨今のIT（情報技術）は、ものづくりの現場のデジタル機器や制御装置、そして事務所のコンピュータやデータベースをネットワークで相互につないだデジタル環境で実現されている。一方で、ものづくりの現場の作業者が主体的に取り組む現場改善は、どちらかと言えばアナログ的な要素が強く、デジタルの外側にある気づきや、思い、気配りなどを含んでいる。こうしたデジタルとアナログの両者の利点をつなぐのがITカイゼンである。本章では、デジタル化やデータ化の意味を改めて確認した上で、ものづくりの現場が取り組むべきITカイゼンについて解説する。

2-1 2種類のIT化

　デジタル化、データ化の大きな時代の流れの中で、IT化において立ち遅れが目立つものづくりの現場にとって、ここ数年は大きな岐路にあると言ってよい。1章で述べたとおり、従来的な発想だとIT化を強行して現場の知恵や活力を封印するか、現場の自主性に任せ個別最適でつながらないITを許容するかのいずれかとなりそうであるが、もちろん第3の方法がある。しかし、そのためにはITに対する従来的な認識を改める必要がある。

　それでは、新たなアプローチとしてのITカイゼンの説明に入る前に、まずものづくりの現場の特徴からおさらいしておく。日本のものづくりの強みは現場力である、とすでに述べた。"現場"とは、活きた情報がそのままの状態で存在している場所である。

　現場では、その時、その場所で、それぞれの実情に対応して情報が生まれ、そして何らかの別の情報に置き換えられ、再構成され、消えていく。情報の受け手の意識や意図や視点により、通常なら知ることができなかった現実や発想のタネを得ることができるのが現場であり、そこから多くの発見が生まれる。

　販売の現場、設計の現場、そして経営の現場など、現場にもいろいろな種類があるが、ものづくりの現場は特にこうした新たな発見や示唆に富んでいると言ってよいだろう。これは、ものづくりの現場が図2-1に示すように、さまざまな場所で生まれた情報の交差点となっているからである。

　たとえば、製品設計の現場で生まれた設計情報は、設備設計や生産技術の現場で生まれた情報と、試作や生産というプロセスを介して対応づけられる。設計側からすれば、設計時の想定どおりの結果が得られることはまずないので、その差異を埋めるために現場から得られた新たな情報がフィードバックされる。

　製品設計と生産技術は、生産されるモノである製品と、生産するモノである設備を扱う技術として、エンジニアリングチェーンにおける接点の一つとなる。同様に、企業にとって顧客からの受注と、購買担当が行う発注は、サプライチェーンにおける接点となる。さらに、企業理念や戦略を、実働可能な資産や個別の能力に対応づけ、最適化とともに新たな成長を図る縦のチェーンがあ

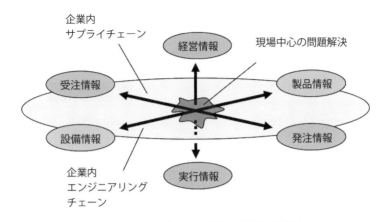

図2-1 ものづくりの現場は情報の交差点

る。

　ものづくりの現場は、こうしたチェーンがすべて集結した接点となっており、そこから生まれる情報は企業内、あるいは企業を超えて伝播することで大きな価値を生む可能性を持っている。

　本来なら大きな価値形成につながるはずのこうした現場発の情報が、IT化によりその価値を共有できない理由は、その多様性と変容性にある。すなわち、こうした現場の情報処理を何らかの情報システムとしてIT化するためには、あらかじめその内容を定義し、用途を限定しなければならない。一方で、現場が持つ多様性と変容性は、こうした事前の定義を常に無効とし、限定された用途からはずれた機能を要求し続ける。つまり、従来のアプローチでは、常に進化するものづくりの現場のIT化は不可能であると言ってよい。

　ここで、これまで主流であったIT化のアプローチが目指す世界を、"装置としてのIT"と呼ぶことにしよう。これに対して、ものづくりの現場のIT化のためには、これとは異なるITをイメージしたアプローチが必要となる。本章ではそれを、"道具としてのIT"と呼び区別することにする。

　図2-2に示すように装置としてのITでは、作業者はある意味で装置の一部として、あらかじめ想定された操作を想定された範囲内で行う。そのため、システムとしてのアウトプットは事前に設計した範囲から逸脱することはなく、設計が正しければ基本的に現場で大きなトラブルは発生しない。

　これに対して道具としてのITは、その道具を使う人の意図に応じて最終的

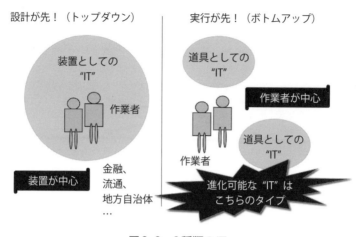

図2-2　2種類のIT

なITシステムの様相を変える。ITを使う側が主体であり、ITそのものは受け身となる。もちろん、ITは魔法の杖ではないので、道具としてのITであっても、あらかじめできる機能は限定的である。しかし、道具としてのITのアプローチではそうした道具を充実させ、作業者はそれらを使いこなすことで、その都度、可能な範囲の中でITシステムが定義され、構築または運用されることになる。

　もちろん、あらかじめ設定された作業手順からの逸脱が許されない現場や、それぞれの現場の個別の差異が品質管理上で問題となるような場合は、装置としてのITが要求される場合もある。これは、現場独自の意思決定、臨機応変な対応をどこまで組織として許容するかという権限移譲の問題であり、どちらがよいというものでもない。

　日本のものづくりの現場は、高い現場力により現在の地位を築いてきたと言える。そうだとすれば、現場のシステム開発において装置としてのITに加え、道具としてのITのアプローチをより前面に出すことが、現場のデジタル化にとって望ましい方向性と言えるのではないだろうか。ただし、このアプローチが成功するための条件として、道具としてのITを現場が使いこなすための環境を提供すること、そして道具としてのITによって実装された個別のシステムが、孤立せず相互につながるためのプラットフォームが充実していることが望まれる。

2-2 情報に関する 7 つのムダ

「改革の一歩目はカイゼンにあり」「カイゼンなくして改革なし」「カイゼンは改革の母」——。更地に家を建てるように新規工場をゼロから建設する場合はともかく、長年にわたって高度な生産ノウハウを持つものづくりの現場を変革に導くには、まずは現場のカイゼンからスタートすべきである。

方針が決まればとことんやりぬく、一部の優良企業では、乾いた雑巾を絞るとまで言われる徹底したカイゼン活動が行われている。ただし、こうしたカイゼン文化は多くの場合、現場における目に見えるモノの世界に限定されている。つまり、これまでのカイゼン活動は、現場の作業者が現場で行っている加工や運搬といった行為において、目に見える形で確認できるさまざまなムダをなくす活動が中心であった。

こうしたモノの流れ、動作や作業の流れに関するムダの排除について、これまで徹底して行ってきたものづくりの現場は、一方で情報の流れに関するムダはあまり議論の対象とはせず放置してきたのではないか。その意味では、多くの現場は水分をたっぷり含んだ、ずぶ濡れの雑巾であると言ってもよいだろう。

現場改善の実践で知られるトヨタ生産方式（TPS）では、価値を生まない現場のさまざまなムダを 7 つのムダとして類型化し、徹底的に排除することが求められる。これを TPS における 7 つのムダと呼ぶことにすると、図 2-3 に示すように情報の流れに関して、IT カイゼンの 7 つのムダが定義できる。

◆必要な情報を探すムダ

情報が整理、整頓されていないと、必要な情報がすぐに取り出せない。見つけるのに時間がかかる場合や、見つからない場合もある。仕事の効率を上げるには、この情報を探すムダをいかに排除するかによる。

◆必要な情報の到着を待つムダ

必要な情報を他者が管理している場合に、照会依頼してから到着までの間に作業が中断し、手待ちが発生する。自分では制御できないが、双方の工夫によ

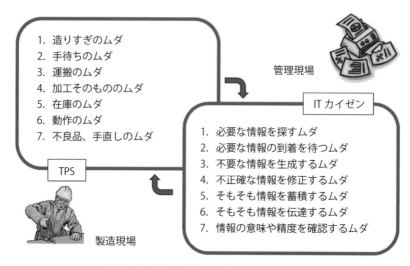

図2-3　ITカイゼンにおける7つのムダ

り短縮することは可能である。

◆不要な情報を生成するムダ

　情報の生成に手間と時間をかけても、その情報を利用する状況が想定されていなければ、不要な作業となる。生成時に想定できない利用もあるためできるだけ加工せず、用途を限定しないという方法もある。

◆情報の意味や精度を確認するムダ

　情報の意味や用途が不明確な場合や、正しいかどうかがわからない場合は、利用する前にそれらを確認する必要がある。情報の提供者と利用者の間で、あらかじめ内容や手順を決めておくことで回避できる。

◆不正確な情報を修正するムダ

　情報の形式や内容が正しくない場合に、用途に合わせて修正し、不正確な部分は削除または修正する必要がある。情報が古い場合や情報の入手経路が不明確な場合などは、こうした作業が必要となる。

◆そもそも情報を蓄積するムダ

　日々得られる情報は、保存し蓄積することで安心感が得られるが、利用されない場合が多い。特にデータ化した場合はスペースの制約が少なく、蓄積のムダに対する意識が働かない。

図2-4 ITカイゼンの3ステップ

◆そもそも情報を伝達するムダ

伝達しなくてもよい情報まで伝達することで、同じ情報が2か所で管理されることになる。また、ネット上では、プッシュ型やパブサブ型（多数に同時に配信するパターン）による大量の情報がムダに伝達されている。

ITカイゼンとは、こうした7つのムダを排除し、現場が中心となって情報の流れをよくする取り組みである。ITカイゼンは、ものづくりの現場に限らず、事務所の管理業務についても適用可能であり、そうしたITカイゼンの取組は、部門を超えて連携して行うことでより効果を発揮する。

スマートシンキングは、最終的にはデジタル化、データ化を目指すが、ITカイゼンはデジタル化を前提としていない。名称にITという用語があるため、ITカイゼンはデジタル化によるカイゼン、あるいはデジタルなしくみのカイゼンと解釈されそうだが、そうではない。ITカイゼンの本来の意味は情報の流れのカイゼンであり、仕事の仕方のカイゼンを志向している。

したがって、ITカイゼンはスマートシンキングにおけるボトムアップアプローチを実践するための手法として位置づけることができ、**図2-4**に示すとおり大きく三つのステップとして進めると効果的である。まずステップ1として、ものづくりの現場における多種多様な情報の整理、整頓から始め、**情報構造の見える化**を行う。そして、ステップ2としてそれらの情報がどこで生成され、あるいはどこで利用されるのかを**情報の流れの見える化**によって確認し、そして、最後にステップ3として、そこで明らかになったムダの排除によって**業務間や部門間の連携強化**を可能とする。

2-3 カイゼン型でシステム投資

　本章では一般的なITを、装置型のITと道具型のITとして区別し、特に道具型のITを用いたアプローチの重要性を指摘してきた。多様性と変容性への対応をよりタイムリーに、よりきめ細かく行うためには、装置型のITでは限界があり、道具型のITを多用したアプローチが有効な選択肢となるケースが多い。

　ただし、道具型のITの課題として、相互運用性のない個別のシステムの乱立や、属人化した仕様によるシステムの保守性の低下などがある。そうした課題に対応するためには、あらかじめシステム全体のアーキテクチャーを統一しておくことが望ましい。そして同時に、そうした道具型のITが、一つのプラットフォームの中で共存するしくみが求められる。

　たとえば、さまざまな工場で実際に最もよく利用されている道具型のIT としてExcelがある。このITツールは、非常に柔軟であり拡張性にも優れている一方で、データの共有や相互運用性という点では課題がある。個々の業務や個別の状況に特化したシステムは、周りから見れば、わかりにくくつながりにくいシステムとなる可能性が高い。つまり、何でも思いどおりに作れる柔軟な道具よりは、むしろ、他の業務とのつながりを考慮して、あらかじめある程度、自由を制限したしくみのほうが都合がよい。

　昨今、プラットフォームというキーワードが、さまざまな商用パッケージの名称として用いられるようになっているが、本来はこうしたつながるための制約が課せられた体系を指す。プラットフォームは、相互につながるためのルールや規約の存在が重要なのである。

　ここで、製造業のIT化への取組として、典型的な例を見てみよう。以下に示すIVI製作所（仮称）では、IT化の投資の機運が高まってきた。若干の資金的余裕もあることからデジタル化に踏み切るが、その結末はどのようなものとなるだろうか。

　IVI製作所では、経営トップから、「DXを進めなければ、わが社に明日はない」と大号令がかかった。ただし、業務の現場は、何をしたらよいのかわからない。もちろん、業務の中で課題はたくさんあることは知っている。しかし、そうした課題を個別に解決するシステムを提案しても、おそらく経営トップは納得しないだろう。

　そこでまず、情報システム部門あるいは社内のIT担当者が、展示会やセミナーに出向き、現状の技術トレンドを調査する。そして、目ぼしいソリューションを2、3選び、個別の説明を聞いた上でRFP（提案依頼書）を提示。そして、最終的に最もプレゼンの内容がよく、価格も手頃な提案を採用してシステム開発がスタートする。この時点では、半年後のカットオーバーにおける新システムの稼働を、誰も疑っていない。

　しかし、1か月、2か月過ぎたくらいから、どうやら現場が想定していた内容と、システムの実体とに大きな乖離があることが明らかになり始める。選択肢は二つ。当初の2倍の予算をかけて、徹底してカスタマイズするか、それとも現場がやりたいことをあきらめて、使える範囲だけを我慢して使うか。

　苦渋の決断として、当初の2倍の予算をかけてカスタマイズすることにした。しかし悲しいことに、その上でも満足いくしくみとはならず、結局は現場がやりたいことはあきらめて、使える範囲だけを我慢して使うことにした。ただ、後日になってよくよく調べると、大半の社員は新しいシステムを使わずに、もともとあったExcelを使い続けている。当初はITに対して好意と期待を持っていた現場の担当者は、ITに対する失望とともに反感すら抱くようになった。

　何も成果がなかったばかりか、大きな投資をしたにもかかわらず、かえってマイナスの資産が残ることになった。

もちろん、このような状況とはならない企業もあるだろうが、こうなる危険性は大きい。なぜならこれは、プロジェクトの責任者やメンバーの問題ではなく、委託先のIT企業の技術力の問題でもなく、その背後には構造的な問題があるからである。

　このような結果となった構造的な問題の背景は、第1章にて説明した製造現場の根本的な性質に起因する。この例では、ものづくりの現場を含むシステム開発を装置型ITとして進めた可能性が高く、そのことにも原因があった思われるが、それでは道具型ITとして進めていれば成功していたかと言えば、必ずしもそうではない。道具型ITは、比較的小さなプロジェクトには効果を発揮するが、このような全社的なDXプロジェクトを成功させるためには、装置型IT以上の困難を伴う。

　装置型のIT、道具型のITのいずれの場合であっても、スマートシンキングを実践し、ITプロジェクトで確実に成果を出すことは可能である。プロジェクト成功のためのポイントについては第12章で詳しく解説するとして、ここではその概要と考え方のみ説明する。図2-5は、開発メンテ型のシステム開発と、PDCA型（ITカイゼン型）のシステム開発について、投資金額とシステム不満足度との関係を模式的に示したものである。ここで言うシステムとは、ITシステムを含む業務システム、つまり業務の進め方を含む現場のしくみ全体を指すものとする。

　技術革新や取引先との関係など、環境変化が激しい企業のものづくり現場では、既存の固定的なシステムと現実との間のギャップは常に拡大し続ける。特に進化する現場は、アナログな改善活動により現場における仕事のやり方、業務の流れも変えていく。ITシステムは、正確で効率的ではあるが、その内部はプログラムでできているため、そこで定義されたロジック以上のことはできない。したがって、進化する現場ではそのギャップが不満足度として表面化するのである。

　ITシステムに対する投資金額とシステムの不満足度の関係は、開発メンテ型とPDCA型とでは図2-5のような差異が生まれる。この図ではあえて投資の総額、および不満足度の累計数は、開発メンテ型とPDCA型で同等となるような設定となっているため、どちらが望ましいかはシステム開発に対する経営者の考え方に依存する。資金的に余力がある時期に、大規模な投資をするというのも戦略的には正しい判断だろう。

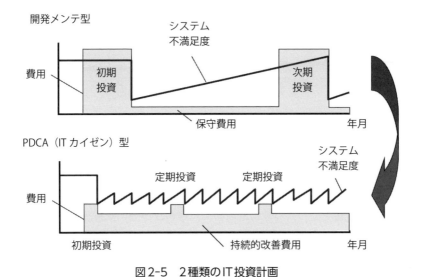

図2-5　2種類のIT投資計画

　しかし、この図からは読み取れない極めて重要なポイントがある。開発メンテ型の投資の場合は、装置型のITの場合が多く、そのシステム投資における資金はほぼ外部のIT企業に対して支払われる。外部からIT技術やITシステムを"買う"という要素が強い。これに対してPDCA型の場合は、道具型のITに依存する場合が多く、投資する資金の支払先の多くは社内の人財である。したがって、失敗も含めたさまざまな経験からなる技術やノウハウとなる知的財産に投資していると言ってよい。

　DXでは、組織が持つダイナミックケイパビリティ（変化への対応力）が問われている。PDCA型のIT投資は、デジタル化によるダイナミックケイパビリティをIT人財の育成という形で内部化する。

　平成の時代から現在に至る過去30年間、効率化とともに省力化、省人化が主な目的であった時代は、情報システム部門はコストセンターであり、IT投資はできる限りアウトソーシングすることが正しい経営判断であった。しかし、ウィズコロナ、アフターコロナ時代における不確実性が増す環境の中で、それぞれの企業がそれぞれのやり方で工場改革を進めることが求められており、それを可能にするために、IT人財を内部化することが重要な課題となっている点を指摘したい。

Column

ITカイゼン奮闘記

　ITカイゼンという言葉を筆者が初めて用いたのは、リーマンショックで世界中の経済が大きな痛手を受けていた2008年である。売上が前年比で5割以上減り、先がまったく見えない状況ではあったが、ITを道具として用い、情報の流れと業務の流れをカイゼンするというコンセプトは、中小企業の現場をやりくりする経営者や管理者から強い支持を得た。

　ただし、コンセプトは共感できたとしても、それが実際に日々の取組として定着し、効果を出すのは簡単なことではない。実際に、当時このコンセプトに賛同し、ITカイゼンをスタートした企業が、実際にその成果を実感できるレベルになるまでに3～5年くらいの月日が経過した。この間の奮闘の様子は、日刊工業新聞社が発行する月刊「工場管理」2013年4月号から2014年3月号まで掲載されている。

　手作りシステムで勝ち残る！「中小製造業のITカイゼン奮闘記」と題した12回の連載では、油圧機器の製造販売を手掛ける今野製作所、航空機や医療機器向けの高品質な精密部品加工を強みとする由紀精密、そして、アルミ系やクロム系の表面処理を超短納期で行う電化皮膜工業の3社の取組について、その一部始終を紹介した。中小製造業のIT化のための苦難の日々が読み取れる。これは、現場にとって必要なプロセスなのである。

　中小製造業がこうして日々取り組むカイゼン型のデジタル化を、DXという括りの中で位置づけることは可能かもしれないが、何となく収まりの悪さを感じる。DXという格好良いキーワードの裏側には、どの企業でもこうした地道な取組があって、初めて大きな成果に結びつくのだということを、肝に銘じておきたい。

第 **3** 章

カイゼンと変革の同時進行

　問題解決においてカイゼンアプローチは現場中心であり、ボトムアップな取り組みとなる。前章では、ITシステムの開発のアプローチとしてPDCA型のシステム開発の例を挙げたが、ものづくりの現場では古くからPDCA（計画〜実行〜評価〜改善）をサイクルとして繰り返し回すことで、継続的な改善を実施し進化してきた。一方、イノベーションや不連続な変化への対応は、カイゼンアプローチでは対応できないという議論もある。本章では、トップダウンなアプローチに必要となる企業を越えた取組事例を示すとともに、製造業全体を俯瞰するための参照モデルを紹介する。そしてボトムアップな側面を残したまで、変革に対応可能なスマートシンキングのアプローチについて、その位置づけと基本構造を解説する。

3-1 インダストリアル・バリューチェーン

　サプライチェーンマネジメントという言葉やその取り組みが注目され始めたのは1990年代である。素材メーカー、部品メーカー、完成品メーカーなどそれまで製造業はそれぞれの守備範囲で競争しており、最終顧客である消費者との関係において、特に川上側に位置するメーカーは関心が薄かった。

　その後、先進的な企業によって垂直統合モデル、あるいは水平分業モデルなどさまざまなビジネスモデルが、企業の内部構造ではなく、企業間の関係の再構築によって成果を上げ始めた。サプライチェーンマネジメントは取引先との提携などにより、こうした関係をより戦略的に再構築することに主眼を置く。

　サプライチェーンは、素材から完成品に至るモノの流れに注目しているが、これと似た概念にエンジニアリングチェーンがある。エンジニアリングチェーンは、それぞれの企業において製品に託された要求や機能を、具体的に実現可能な形で製品に落とし込むために、製品設計のみならずさまざまな生産技術や要素技術を生産ラインや設備に実装し、具体化することに主眼を置く。

　さらに、エンジニアリングチェーンは、製品が内包すべき機能を具体化するためのエンジニアリングとあわせて、工場という生産システムを構築してそれを維持し、進化させるためのエンジニアリングも対象としている。この一連の流れを、企業を越えて実現するための技術指向のチェーンとなる。

　このようにサプライチェーンとエンジニアリングチェーンは、視点は異なるが、企業間の価値連鎖という点において同じフレームの中で議論ができる。そこで、本書ではこの二つのチェーンをまとめ、特に企業間という点を強調するためにインダストリアル・バリューチェーンと呼ぶことにする。

　インダストリアル・バリューチェーンは、サプライチェーンとエンジニアリングチェーンの2種類の企業間のチェーンの共通項として、価値（バリュー）の流れに注目する。素材や部品や製品は、それぞれ価値のある資産でありバリューである。また、要素技術や実装技術、図面や仕様、アイデアなどは知的財産でありバリューである。

　こうしたバリューは、基本的にそれぞれの企業の内部で生成され、企業はそ

れに見合う利益を得ることになるが、バリューを形成するための前提となる環境として、こうしたバリューチェーンの存在が大きな影響を持つようになってきた。言い換えれば、企業内部でどれだけ頑張っても、バリューチェーンとして外部企業との関係などの前提条件が整わないと、その効果は限定的なものとなる。

したがって、逆に言えばバリューチェーンマネジメントにより、特に市場動向の変化が見通せない分野において、新製品や新規事業の立上げスピードを速め、同時に既存事業の方針展開を図る上でのさまざまな外的制約を軽減することができるようになる。また、どちらかというと汎用的な要素技術に関しては、エンジニアリングの調達コストを下げ、自社の強みとなるより高度で競争力のある自社のコア技術に経営資源を集中することができるだろう。

このように、ものづくり現場の変革のためには、企業内部だけではなく、企業を超えたバリューチェーンが重要なポイントとなる。バリューチェーンの第一歩は、それぞれの企業やそれぞれのものづくりの現場が、自前主義をいったん捨てるところからスタートする。そして、提携可能な候補企業との間である程度、自社の問題や課題を開示し、新たな価値や問題解決のソリューションを最初のステップから共同で作り上げる、というプロセスが必要となる。

このような企業間の連携は、資本関係のあるグループ企業や長期的な取引関係にある系列企業などの間では可能だろう。しかし、そうでないより対象を広げた場合の連携は、開示される情報に関する秘密保持やそこで得られた知的財産の扱いなど、事前に行うべき事務的取り決めに関するハードルが高く、結果として活動が広がらないのが現状ではないだろうか。

2015年に設立されたインダストリアル・バリューチェーン・イニシアティブ（IVI）は、こうした実情を踏まえ、ものづくりの現場を持つ企業が相互に連携し、つながるための環境を提供する。設立のコンセプトは"つながるものづくり"である。IVIは、国内および海外の企業も含め、およそ250社の企業、700人以上のメンバーが参加している。

IVIでは、普段なら競争する関係にある企業も含めて、同じ問題意識を持つ企業の担当者が集まり、ものづくりの現場における協調領域として位置づけられる技術やノウハウについて議論する。**表3-1**は、2020年度のワーキンググループ（WG）のタイトルである。

それぞれのWGでは、異なる企業に所属する10〜15人のメンバーで構成さ

表3-1　業務シナリオWGテーマ（2020年度）

WG記号	テーマ名
6A01	検査の自動化プラットフォーム活用天国
6A02	エッジと遠隔による現場支援
6A03	ダイカストシリンダーブロック素材品質向上
6A04	製品管理のための低コストな情報取得の実現
6B01	生産設備の消耗部品の予知保全
6C01	搬送機器の遠隔操作による部品庫物流自動化
6C02	AIによる製造ラインの生産性向上第4弾
6C03	人・モノの実績可視化ーⅢ（次世代IE追究）
6C04	製造工程（外観検査）のリモート化
6C05	工程能力の可視化による業務効率化
6E01	価値を生まない"モノの搬送"革新-分析編-
6E02	マス・カスタマイゼーションに効くつなげ方
6E03	エッジAIとデータ流通でIVI型製造進化
6E03-1	半導体CMP研磨プロセス監視への適応
6E03-2	AEセンサーによる高速プレス機の不良検知
6E03-3	5Gによるサーボプレス機のインプロセス管理

れ、本書で解説するスマートシンキングの手法をおよそ10か月かけて実践する。そこで得られるのは、対象となる業務シナリオとそれに対応するソリューションである。

　こうした活動の意義は、そこで得られた成果もさることながら、企業間の協調領域におけるバリューを共同で開発することの重要性を示すこと、そして、企業間の連携のために必要となる意味や概念の共通化、人と人とのネットワークによる価値観の共有化にある。通常であればクローズな世界で行われていた技術的課題も、それが協調領域に属する場合は、オープンな場での議論に柔軟に切り替えることが、バリューチェーンをさらに発展させるためのポイントである。

focus

インダストリアル・バリューチェーン・
イニシアティブ（IVI）

　一般社団法人インダストリアル・バリューチェーン・イニシアティブ（IVI）は、デジタル化社会に対応した次世代のつながる工場を、企業や業界の枠を超えて実現するための組織である。工場や会社の規模、地域や国や文化が違っても、つながることが生み出す価値をともに生み出すために、"ゆるやかな標準"を設定し、企業間の協調と競争のバランスのとれた持続可能な発展のためのエコシステムを先導している。

　設立当初より、スマートな製造業のための業務シナリオを毎年10〜20程度提案し、複数の企業メンバーからなるグループによる実証実験によりその有効性を検証している。本書のスマートシンキングは、ここでの活動で利用され改良されてきたIVIモデラーと、それを用いた問題解決のメソドロジーがベースとなっている。IVIが提案するアーキテクチャーモデルは、IEC/ISOの技術資料の中でも紹介されている。

　IVIの企業メンバーのおよそ半数が中小企業である。業務シナリオとして中小企業の事例を取り上げるケースも多く、その場合は大企業と中小企業のメンバーがさまざまなアイデアを持ち寄り課題を解決する。また毎年、地域セミナーとして全国各地域でIoT/ITカイゼンセミナーを開催し、地域の支援機関と連携した中小企業支援も行っている。

設立：2015年6月（2016年6月一般社団法人化）
会員：企業メンバー242社（2021年9月現在）トヨタ自動車、日立製作所、三
　　　菱電機、NEC、富士通、東芝、パナソニックほか
URL：https://iv-i.org/

3-2 ものづくりの参照モデル

　日本の製造業の強さの秘訣は、現場力にあるという指摘は多くの関係者が認めるところであるが、その現場力とはどのようなものであり、どこが優れているのかを、特に現場を知らない外部の人に説明することは難しい。

　すでに説明した改善活動やそれを支える QC 活動、そして行動指針としての5S（整理、整頓、清掃、清潔、しつけ）など、日本のものづくりの強さの秘訣は国内のみならず、海外でも多く紹介されている。特に、海外ではリーン生産方式として、自動車産業を筆頭としたものづくりの現場のしくみが知られている。

　このような日本のものづくりの現状に関する一般化された記述や解説の多くは、カイゼン型、あるいはボトムアップ型のしくみを強調していると言ってよいだろう。これに対して、工場全体を俯瞰した工場変革のための参照モデルがある。図3-1は、IVI が提案し、IEC/ISO が発行するスマート製造に関する技術文書の中でも紹介されている参照モデルである。

　スマートなものづくり単位（SMU）として、工場などのものづくりを自律的に実施するための最小単位の組織は、以下に示す三つの視点がある。そして、それぞれの視点がさらに四つの項目からなる指標を持っている。

◆資産の視点

　スマートなものづくりの組織を説明、または評価するための一つめの視点は資産の視点である。ここで資産とは、それぞれの現場が持っている財産であり、なくてはならない有形、無形のものを指す。品質管理では、Man（人）、Machine（機械）、Material（材料）、そして Method（方法）が品質を決定する最も重要な要素であると教えるが、これは同時にそれぞれの現場が持つ最大の資産と言うことができる。

◆管理の視点

　スマートなものづくりの二つめの視点は管理の視点である。生産管理における意思決定で重要な指標として、品質、コスト、納期（デリバリー）がある。

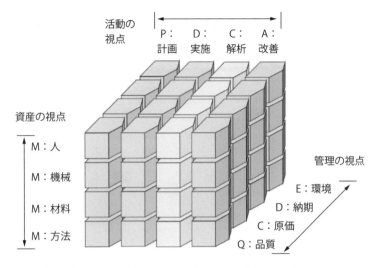

図3-1　スマート製造におけるスマートなものづくり単位

そしてこれに、環境というファクターを加えた四つが、管理の視点における重要な指標として、スマートなものづくりを実践するための要件であると言える。管理の視点における四つの指標は、現場の意思決定における評価軸となる。

◆活動の視点

　スマートなものづくりの三つめの視点は、活動の視点である。ものづくりの現場では、生産、運搬、検査などさまざまな活動が存在する。スマートなものづくりであるためには、こうした活動を単に実施するだけではなく、これらを計画（Plan）、実行（Do）、評価（Check）、改善（Act）するプロセスを繰り返し回すことが求められる。特に評価と改善は、スマートなものづくり単位が自律的に進化するための重要はファクターである。

　この参照モデルのポイントは、ものづくりの現場を含む多種多様な製造業の実体を、ここで示す機能を有する組織からなる最小限の単位（ユニット）によって表現する点にある。参照モデルでは、この最小限の単位をスマートなものづくり単位（SMU）と呼び、つながる工場の連携をこの単位を要素として組み立て議論されることになる。

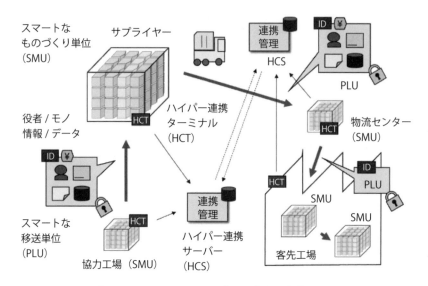

図3-2　スマートなものづくり単位の連携方法

　図3-2は、こうしたものづくり組織の最小単位が連携し、バリューチェーン上での流れを構成する姿を示している。ものづくり組織の最小単位は、製造業のみならずロジスティクスを含めてあらゆる産業と関連しており、そうしたつながるしくみを企業内部の連携、あるいは企業を超えたバリューチェーンの中でとらえることが必要となる。

　関係する組織の最小単位（SMU）間では製品や材料などのモノが移動するとともに、それに関係する人や情報、そしてデータも移動する。このように、SMU間で移動する人、モノ、情報、データは、スマートな移送単位（PLU）として物理的、あるいは論理的にまとまった単位で管理し対応づける。

　つながる製造業による次世代のバリューチェーン上で、このようなものづくり組織の最小単位が柔軟に連携し、変化に対応していくためには、第三者として、こうした移送単位を国や地域を超えて管理するしくみが必要となる。特にデジタル技術を活用し、企業間の利害関係の調整や事実関係のトレーサビリティを保証することは、データを介した取引をより円滑にするとともに、製造業の新たな改革を支援することにつながるだろう。

3-3 EROTサイクル

　DXは、デジタル技術が人々の生活をあらゆる面でより良い方向に変化させることを目指す。経済産業省が2020年にまとめた報告書では、「事業環境の変化へ迅速に適応する能力を身につけると同時に、その中で企業文化（固定観念）を変革（レガシー企業文化からの脱却）すること」と定義している。

　カイゼンが得意なものづくりの現場にとって、おそらくDXが求めている"変革"のための取り組みがどのようなものであるかをイメージすることは難しい。前章で述べたように、改革はトップダウンで進めるべきという先入観から、中小製造業ではDXに関して、受け身の姿勢で抽象的な議論に終始しているケースが多いのではないか。

　ものづくりの現場を巻き込んで、より主体的な形でDXを推進しつつ、そこで確定した方針に従い、そこで示されたゴールをトップダウンに展開していくことが部門横断型のプロジェクトの成功の鍵となる。

　IVIでは、このような考え方のもとで、製造業がDXを進めるための方法論として四つのステップと四つのモデルを提案している。

◆問題発見（System Exploration）

　まず、はじめにやるべきことは、問題は何かを明らかにすることである。問題解決のプロセスをトータルに考えた場合に、問題そのものを認知し、その問題がどのような構造をしているのかを知るためのプロセスに多くの期間を要する場合がある。問題は何か、という問いに対する答えが妥当なものであるかどうかは、当事者を含めて最初は誰もわからない。

　ただし、問題がどのような形式で表現することができ、どのようにすれば潜在的で見えない問題を見つけることができるかという方法論は、おおよそ検討できている。すなわち、問題とはあるがままの現状と、あるべき姿、ありたい姿とのギャップなのである。ただし、現状をどのような視点から、どのような粒度で切り出すかなど、実際にこの作業は簡単ではない。

◆問題共有（System Recognition）

　続いて、そこで明らかになった問題を、組織を構成するメンバー間で共有するためのステップが必要となる。一部の人が問題を認識していたとしても、それが共有されていなければ問題解決の実際の動きにならない。仮にその人が経営トップでも、その決定の背景や目的が組織の構成員によって理解されていないと、なかなか前に進まないのと同じである。

　ボトムアップなアプローチでは、それぞれの担当者の要望が競合する場合や、現実の状況認識に矛盾がある場合などが想定される。特に、ありたい姿については大きく異なるだろう。したがって、問題共有のステップとして、組織の構成メンバーが相互にそれぞれの立場の問題を理解し、全員が理解し合意できる内容とするプロセスが重要となる。

◆課題設定（System Orchestration）

　続くステップは、課題設定である。ここで"問題"という用語を、あえて"課題"という言葉で置き換えている。問題という場合は、そこで認識された現実と想定する要求とのギャップに着目するのに対して、課題といった場合はその問題を解消すること、すなわちギャップを何らかの取組によってなくすことに着目する。課題設定では、問題を解消するための手段を見極め、具体化するプロセスが重要となる。

　ここでは、解決のための手段が確かに存在するかどうかが、明らかではない場合も多い。したがって、このステップでは組織の中で共有された問題の解決のための方向性を示し、それを実現可能なレベルまで落とし込む。そして、その時点で技術的および現実的な観点から適用可能な手段やソリューションを明らかにする。

◆課題解決（System Transformation）

　四つ目の課題解決のステップでは、課題設定で明らかになった問題解決のための具体的な手段を実行に移す。ここでは、該当する組織における変革のプロジェクトとして具体的な日程を設定し、予算およびそれぞれのパートの責任者と権限を設定し、そして当該者はそれぞれの具体的な取組を一つずつ段階的に実行していく。

　おそらく多くの場合、当初の想定どおりにことが運ぶことはなく、都度計画変更を伴うだろう。しかし、全体としては想定した期間内におおよその成果や結果を出すことが求められる。課題解決のステップは、プロジェクトとしてあ

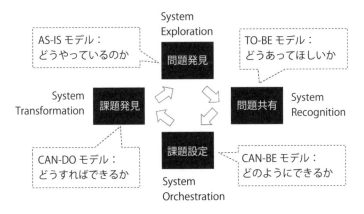

図3-3　問題解決のEROTサイクル

らかじめ定めた期間で完了する取組だけでなく、そこで示した業務を組織内で定着させ、継続的なしくみとして実施し続けるプロセスも対象とする。

　以上の四つのステップはスマートシンキングの骨格となるものであり、繰り返し実施される。それぞれのステップを表す英語として、問題発見がExploration、問題共有がRecognition、課題設定がOrchestration、そして課題解決がTransformationとなり、それらの頭文字をとってEROTサイクルと呼ぶ場合もある。**図3-3**に四つのステップを模式的に示す。

　問題解決におけるEROTサイクルの各ステップを、それぞれ簡単な疑問文の形で表現すると、問題発見は「どうやっているのか」、問題共有は「どうあってほしいか」、課題設定は「どのようにできるか」、そして課題解決は「どうすればできるか」となるだろう。図3-3では、これらをそれぞれAS-ISモデル、TO-BEモデル、CAN-BEモデル、そしてCAN-DOモデルと表記している。

◆AS-ISモデル

　問題発見のステップで議論されるAS-ISモデルは、「どうやっているか」について、あるがままの現状を記述したものである。ただし、そこには客観的な事実とともに、それに対する解釈も含んでいる。たとえば、「今月の稼働率は70%である」というのは計測された事実であるのに対し、「稼働率が低く改善できていない」というのはその事実に対する解釈であり、その人の要求を含んでいる。

◆TO-BEモデル

　あるべき姿、ありたい姿を示すTO-BEモデルは、「どうあってほしいか」を示す。主に問題共有のステップで利用されるが、それ以外のステップでも登場する。AS-ISモデルとTO-BEモデルを対比させて表示することで、問題がより明確となり組織内での問題共有が進む。なお、TO-BEモデルは、理念や理想を抽象的な言葉で示すのではなく、暫定的であっても現実的な期間設定の中で実現可能な姿であることが重要となる。

◆CAN-BEモデル

　課題設定のステップで定義されるCAN-BEモデルでは、「どのようにできるか」について、対象とする問題を解決するための手段や方策の候補が示され、それらが有機的に統合され、問題が解決され、それらを用いた取組が示された状態に対応させる。ここで解決された状態を構成するのは、その時点で入手可能なリソースおよびソリューションとし、技術的に不可能なこと、あるいは現実的に実現の見込みがないものは除かれる。CAN-BEモデルは、問題解決の完成イメージを提供することになる。

◆CAN-DOモデル

　問題解決のための取組を実行し、その成果が得られるプロセスは、時間軸上でも分散されており、実施する場所や設備や担当者も分散されている。実施する設備や担当者からすれば、大小さまざまな問題に対して、同時並行的に関与することになる。CAN-DOモデルでは、こうした状況をステージごとに分け、想定外の状況にも対応しつつ、現場では日々の業務と並行する形でその都度、実施の優先順位をつけて実行に移す。CAN-DOモデルでは、こうした実情を踏まえた上で「どうすればできるか」を議論する。

3-4 チャート活用技術

　スマートシンキングは、ボトムアップなものづくりの現場に軸足を持ったカイゼン型のアプローチであると同時に、企業や組織を超えた改革を実現するための俯瞰的な視点と、ゴールドリブンな側面を併せ持った手法である。また、現場のリアルな世界を起点としたモデルとITの世界、デジタル化、データ化、ネットワーク化された世界を対象としたモデルをシームレスに扱っている点も特徴である。

　ものづくりの現場が主体で品質管理を実施するための道具として、QC7つ道具が有名である。**図3-4**にあるようにパレート図、特性要因図、グラフ、ヒストグラム、散布図、管理図、そしてチェックシートが、現場に潜むさまざまな定量的、定性的なデータを、表現するのに利用されている。

　QC7つ道具が、現場から得られたデータを可視化するための道具であるのに対して、その後提案された新QC7つ道具は、より問題解決のための意思決定プロセスを含んだものとなっている。**図3-5**に示すように、ここでは要素の因果関係を示す連関図法、似たもののまとまりを検討する親和図法、目的と手段のつながりを示す系統図法、定性的、定量的なデータを扱うマトリックス図

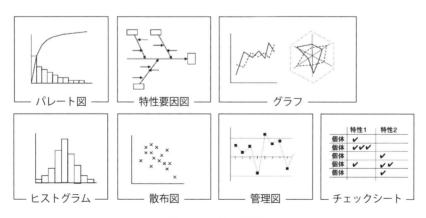

パレート図　　特性要因図　　グラフ

ヒストグラム　　散布図　　管理図　　チェックシート

図3-4　QC7つ道具

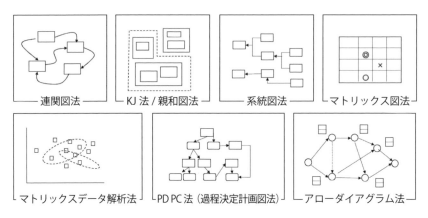

図3-5　新QC7つ道具

法やマトリックスデータ解析法、そして実際のプロジェクトを対象とした
PDPC（過程決定計画図法）とアローダイアグラム法が取り上げられている。

　一方で、ITの世界では、情報システムの設計や分析のためのモデリング技
術が開発されており、その中でもUMLが日本でも多く利用されている。UML
は情報システムの開発を前提としたものであるが、図3-6に示すように情報シ
ステムの要件や外部仕様を定義するため、情報システムのユーザの業務フロー
やビジネスロジックなども表現することが可能となっている。

　スマートシンキングでは前節で示したAS-ISモデル、TO-BEモデル、
CAN-BEモデル、CAN-DOモデルという四つのカテゴリとは別に、それらの
カテゴリを横断する形で、図3-7に示す16種類のチャートを用途に応じた問
題表現のためのダイアグラムとして提供している。

　図3-7に示すスマートシンキングの16のチャートは、これまで現場改善で利
用されてきたQC7つ道具、新QC7つ道具、そしてITの世界で利用されてきた
UMLダイアグラムの中からスマートシンキングのEROTサイクルを実施する
ために厳選し、統一性がとれるような形でアレンジしたものである。

　以下の章では、まず図3-7の最前列にある困りごとチャート、なぜなぜ
チャート、いつどこチャート、目標計画チャートを、第5章において問題発見
と共有の道具として解説する。これらは、スマートシンキングのEROTサイ
クルの骨格を固める重要なステップで利用される。

　また、先頭から2列目にある組織連携チャート、やりとりチャート、待ち合

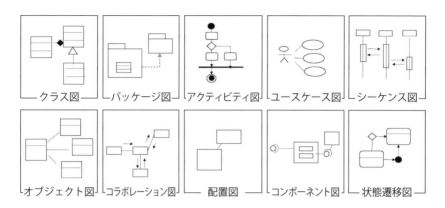

図3-6　UMLのダイアグラム

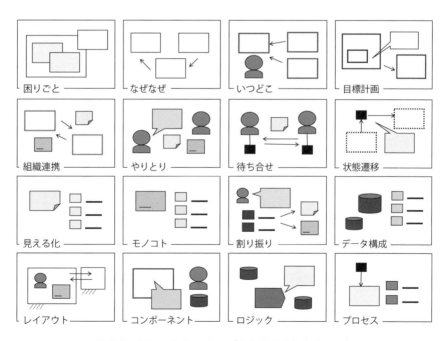

図3-7　スマートシンキングのための16のチャート

せチャート、そして状態遷移チャートは、業務分析と提案の道具として第6章で解説する。この章で取り上げる四つのチャートは、スマートシンキングが現場目線のアプローチであることを特徴づける重要なチャートとなる。

さらに、図3-7の第3列には見える化チャート、モノコトチャート、割り振りチャート、そしてデータ構成チャートがある。これらは、システム設計の道具として、第7章で解説する。これらは、システムの開発のための要件を、そのユーザとなる現場が自ら示すための道具として重要となる。

そして最後の列は、システム実装の道具としてレイアウトチャート、コンポーネントチャート、ロジックチャート、そしてプロセスチャートが挙げられている。これらはスマートシンキングの実践を、システム開発を担うIT側の視点からとらえたものであり、第8章でその内容を解説する。

第 **4** 章

組織が持つ知のデジタル化

　ものづくりの現場には情報があふれている。それらの情報は、明示的に示すことができるものもあれば、暗黙知と呼ばれている表現することが難しいものもある。現場担当者の立場からすれば、むしろ第三者に対して、情報として形式的に表現し説明できる内容のほうが少ないとも言える。ものづくりの現場のデジタル化を進めるためには、これまで形式的な表現が困難であった問題やその背景にある事実や要求を、第三者が理解可能な形で表現する努力が必要となる。

　本章では、ものづくりを含む組織の知的資産である現場の情報を、形式的に表現するためのしくみとして、あらかじめ定義された最低限の形式を設け、その定義要素の形式に従って個別の状況や問題認識を表現する方法を示す。ここでの議論は、知識表現に関する学術的な研究分野としても関心が高い分野であるが、ここでは、スマートシンキングとして取り上げる定義要素を利用するために必要な解説のみに限定している。

4-1　問題設定に関する定義要素

　スマートシンキングでは、業務のさまざまな手順や方法、そしてものづくりの現場にある機械や材料など、認識されたすべての対象を要素に分解し、それらの関係を定義する。これは、話し言葉を主語や述語、動詞といった要素と、その関係からなる構造に分解するのと同じである。ただし、ここでの用語の粒度はそれよりも大きく、かつ限定されている点が特徴となる。

　スマートシンキングで用いられる定義要素は、組織活動そのものを示すための部品であり、問題解決のための構成要素となる。ここで、部品の種類はできるだけ少ないほうがよいが、少なすぎても不便である。本書では、20種類の定義要素を五つのカテゴリに分けて説明する。

　こうした定義要素は、知識表現の研究分野ではオントロジーと呼ばれている。オントロジーとはもともと哲学用語であるが、ここでは何らかの意味を相手に伝える上で、あらかじめ定めることができる普遍的で変わらない部分を言う。スマートシンキングの20の定義要素は、20のオントロジーとしても定義できる。

　本章では、定義要素の五つのカテゴリの中で、最初のカテゴリである問題設定に関する定義要素を取り上げる。問題設定に関する定義要素は、組織を構成する個人それぞれが、対象とする問題をどのようにとらえ認識しているかを示し、組織内で問題を共有するために重要となる要素である。問題設定に関する定義要素としては、表4-1に示す四つの要素がある。

　ブレーンストーミング法やKJ法など、問題解決のための思考プロセスを支援する手法では、まずグループのメンバーがそれぞれ思ったことをカードに書いていく。カードに書かれる内容は、単語ではなく文章の形となるが、それらは、表4-1における"事実（Fact）"と"課題（Concern）"に相当する。

　同様に、スマートシンキングにおける事実と課題もカード形式で、短い文章の形式で書かれることを想定している。まずは直感的あるいは反射的に、発散的な思考プロセスの中で思い描いたことを文章として記述することで、より多くの事実や課題が明示的な言葉として認識され、問題解決における議論の対象

表4-1　問題設定に関する定義要素

要素名	表示例	説明
事実 Fact	事実	客観的な立場で観測された事実として、意図や主観を伴わないもの。正しい、正しくないという議論は存在しないので、議論の出発点となる
課題 Concern	課題	定義された事実の意味を、何らかの立場や視点に基づき課題として示したもの。立場によって事実の解釈が異なり、それに対応して課題も異なる
取組 Work	取組	問題解決の主体となる担当者や組織が、課題を解決するために行うべき手段や方策を、具体的な組織や役者の活動に落とせる形で示したもの
目標 Goal	目標	問題解決の主体が現状の課題を念頭に、取組の結果としてどのような状態を目指すのか、関連するステークホルダが理解可能な形で示したもの

とすることができる。

　ここで、事実と課題をどのように使い分けるかは悩むところでもある。まず、直接的または間接的に知り得た事象やできごと、あるいはそこで得られた結果は、客観的な"事実"である。事実そのものには、価値観や評価軸など、個々の観測者の思いが含まれていない。したがって、グループメンバーあるいは社内、社外を問わず、その内容について否定しようがない。

　これに対して課題という場合には、担当者あるいは管理者の思いや評価基準が含まれる場合が多い。たとえば、「この機械は故障が多い」は"課題"である。対応する事実は「この機械は月に2回故障する」となる。月に2回故障するのが多いのか、少ないのかは、管理者によって判断が分かれる。過去には毎日故障していた工場であれば、この状況はとてもよい状況と言えるかもしれないのだ。

　ただし、問題解決の当事者がどうしようもないことは"事実"としてもよい。たとえば、「この機械は故障が多い」について、機械の故障が、そもそもそういう機種である場合は"事実"として共有し、それが「保守が十分でない」

といったことに起因する場合は“課題”となる。

　事実や課題の記述形式は、「～である」や「～でない」といった形となり、その時点における状況や現状について、あるべき姿を直接的または間接的に示すように記述する。

　課題は、問題を特定し、その対象やスコープを明らかにすることはできるが、どうすればその問題を解決することができるかに関する内容は有していない。そこで、「～である」「～でない」という表現から、「～する」といった能動的な表現としたものを“取組（Work）”として新たな定義要素とする。

　スマートシンキングでは、“取組”が、対象とする問題を解決するための手段を提供する。業務の見直し、業務の連携、業務の効率化など、企業では日々の取組がさまざまな業務の形で存在する。一般的に、取組は日々行っている定常業務、特定の事象が起こった場合に行う非定常業務、そして1回限りの個別業務に分けられる。

　おそらく、問題解決のステップの中で実施される“取組”は、問題を解決するために必要となる1回限りの個別業務として分類されるものが中心となる。ただし、それとあわせて対象となる組織における定常業務、非定常業務を取組として、必要な範囲で記述しておくことが必要となる。こうした作業は、通常なら膨大な手間と時間を要するが、問題となりそうな業務についてのみ現場主導で並行して進めることで、より現実的なものとなる。

　新QC7つ道具にある系統図では、問題解決のための構造を、目的と手段の関係として木構造に展開する。こうした系統図で各カードに記述される内容は、スマートシンキングにおける“取組”に相当する。つまり、“取組”は、他の取組との関係において目的にもなり、手段にもなり得る。

　スマートシンキングの四つ目の定義要素である“目標（Goal）”は、問題設定として定義されたさまざまな取組が結果として目指すゴールを示す。これは、あるべき姿、ありたい姿を構成する具体的な状況を実現させるために、問題解決の当事者が最終的にやるべき内容を端的に表現したものとなる。

　したがって、目標としての表記は「～である」ではなく、取組と同様に「～する」という形式が望ましい。そして、目標として目指す姿を単に示すのではなく、主体的な関わり方として、何をどうしなければならないかという能動的な表現とし、さまざまな取組によって到達すべき姿を含む内容とする。

　このように、問題定義に関するスマートシンキングの定義要素は、“事実”

と"課題"によって問題そのものを切り出し、"取組"と"目標"によってその解決のための主体的な流れを示す。

取組は手段として展開されることがあるのに対して、目標はそれぞれ独立したものとして扱う。スマートシンキングにおける目標は、到達目標として、それが実現できたかどうかを客観的に判断できることが望ましい。たとえば、「手書き伝票による作業指示を廃止する」「重点管理品のリアルタイムな在庫把握を可能とする」「ドカ停による日を跨ぐライン停止をなくす」といった目標は、達成できたかを判定可能である。

一方で、理念やスローガンのように行動規範や指針を示すが、具体的にそれが達成された状況かどうかを判断しにくい記述は、目標としては好ましくない。たとえば、「お客様の満足を最大化する」のは、目標としてではなく、指標とするほうが望ましい。同様に、「稼働率の向上」「不良率を下げる」「原価低減」「5Sの徹底」なども指標に近い。

組織にとっても個人にとっても、よい目標を設定することは問題解決のみならず、それぞれの成長のためにも重要である。組織の構成メンバーのモチベーションに与える影響も大きい。また同時に、よい目標を設定することは、極めて難しいとも言える。

現実の世界では、上意下達により、目標が経営トップや外部のステークホルダから与えられるケースも多いだろう。しかし、スマートシンキングではそうした内容も考慮しつつ、組織活動の内部で掲げる具体的な目標は自ら定義する点が特徴となる。

4-2 活動現場に関する定義要素

　日本のものづくりの強みは現場にあり、とよく言われる。これは、自動車産業をはじめ、おそらく製造業に関係する多く人が認めるところだろう。しかし、実際に現場に出向き、ものづくりの強みはこの現場のどこにあるのかと問うても、なかなか要領を得た答えは得られない。

　今、そこで見えている現実が整理整頓されて、機能的に配置されていたとしても、それは強みの一側面にすぎない。その裏側に見えない何かがあるはずである。そこで起きている情況に至る経緯や、背後にある仕事のやり方、暗黙のルール、変化への対応力、問題発見能力やリカバリー力など、深い部分は外部の見学者からは何も見えない。

　一般には、材料や部品、工具や治具や図面などが整理整頓された現場はむしろ稀である。特に中小製造業の場合は、そこで行われている仕事を理解することはそう簡単ではない。技能に長けた職人から技術を学び、習得するには長い年月を要する。

　スマートシンキングは、こうした人と機械、モノの情報がぶつかり合う現場のど真ん中で、活動現場に関する役者、活動、情報、モノという四つの定義要素をもってその実態を明らかにする（表4-2）。ここで説明する活動現場の四つの定義要素はものづくりの現場に限らず、営業の現場、設計の現場、サービスの現場などでも、さまざまな立場の人が現実の中で活動するすべての場面に適用可能となっている。

　スマートシンキングで特に重視しているのは、実施に誰がどこで何をしているのか、という5W1H（Who：誰が、When：いつ、Where：どこで、Why：なぜ、What：何を、How：どうやって）情報である。ただし、業務担当者の日々の仕事は、それぞれが置かれた細かな状況が異なるため、個別に定義することは現実的ではない。したがって、個別の状況や事情をできるだけ取り除き、それらを一般化した形で記述するために、通常やっている仕事のパターン、および例外的にやっている仕事のパターンについていくつかまとめる。

　まず、"役者（Actor）"は、対象とする現場に登場する人が対象となる。役

表4-2 活動現場に関する定義要素

要素名	表示例	説明
役者 Actor	役者	現場で何らかの業務を担当し、目標を達成するためにモノや情報に関連して何らかの具体的な活動をする者。固有名詞ではなく、その役割を示す名称となる
活動 Activity	活動	役者が業務の中で現場で行うことを、モノあるいは情報に対する操作として文章の形で記述したもの。生産に直接関係する活動と、直接関与しない活動がある
情報 Information	情報	役者が生成または利用する情報として業務上の意味がある単位。役者間でやりとりができる。情報を表示または移動する媒体である紙やボードなどは問わない
モノ Material	モノ	現場に存在する有形のものであり、役者の活動の対象となるもの。位置を物理的に移動することができる。また、モノは主体的な要素である機械として定義することもある

　者とは、文字どおり、その人の役割を示すものである。○○者、○○員、○○係、○○担当、○○長といった形式において、○○の部分に業務や仕事を表す言葉を入れる。たとえば加工担当や検査担当、販売員、管理者、工場長などが役者の例となる。役者の名称には実際の担当者の固有名詞は記載しない。

　役者は、その人の役割を示すものであるため、実際には一人が複数の役者として登場することもある。たとえば、中小企業の場合は社長が"営業担当"であり、かつ"経理担当"でもあるようなケースは多いだろう。また、逆に"組立作業者"などのように、複数名が一つの役者に対応する場合もある。

　スマートシンキングでは、現場にある目に見えるものはすべて、"情報（Information）"と"モノ（Material）"のいずれかによって表現する。判断基準として、物理的な質量を持つものは、基本的にモノとなる。たとえば、パソコンやスマホはモノとなる。またホワイトボードやスクリーンもモノである。一方、パソコンに表示された画面は情報であり、ホワイトボードに書かれた当

日の生産予定などは情報となる。

　モノには、材料や製品、構成部品や消耗品、機械や治工具などが対応し、さらには工場の床や建物などの構造物も対象となる。通常、こうしたモノは受動的であり、物理現象などを除き自ら動作することはない。これに対して、機械や設備やロボットなどは能動的に振る舞う。受動的なモノを材料（material）、能動的なモノを"機械（machine）"として分けて表現する場合もある。

　情報はその単位で、それを受け取った人にとって意味を判断し、意思決定できる単位となる。数字や文字、あるいは音声や画像は、情報を表現するための要素であり、いわば元素のような位置づけとなる。雑誌や報告書、伝票や帳票、さらにはウェブサイト、オンラインの配信コンテンツなどは情報のかたまりと言えるだろう。

　定義要素としての"活動（Activity）"は、役者がその職務を実施する内容が対応する。ここで、役者が行う活動は、突き詰めればすべて"情報"に対する処理と、"モノ"に対する処理として行き着く。言い換えれば、業務として行う活動は物理的な操作を伴う活動と、物理的な操作は本質的ではない活動に分かれる。ここで、後者は情報の伝達や加工、そして学習などの情報処理の一環と見なすことができる。

4-3 デジタル設計に関する定義要素

　スマートシンキングでは、実際にものづくりの現場で起きている物理的な活動を対象とした問題発見とその問題解決を議論するのに加えて、デジタル技術によって定義されたコンピュータおよびネットワーク上の世界で行われているさまざまなデータやロジックのしくみを同時並行的に扱う。

　それぞれの企業では、ITによってどのような業務が、どのような手順で日々実施されているかを知ることは、情報システム部門担当者やIT専門家の専任事項となっている場合が多い。しかし、これからの時代は、データの位置づけやそれを扱うロジックとタイミングなど、論理的な構造やしくみは、業務担当者や経営者も知っておくべき内容となるだろう。

　特に、データの利活用が企業の新たなビジネス展開に欠かせなくなってきている状況では、データを戦略的に利活用するためのしくみは、業務プロセスと一体で考える必要がある。こうした取組を外部のIT企業に委託しても、おそらく期待する答えが得られないだろう。

　とはいえ、情報システム部門を持つ企業がある一方で、多くの中小製造業はそうした部門を持たず、自社のITのしくみがどうなっているのかを把握できている人は多くはないのが現状である。さらに言えば、仮に情報システム部門があったとしても、それぞれの現場で独自に開発しているツール類も含めて、実際にデジタル技術によって業務がどのように進められているかを知ることは非常に困難である。

　デジタル設計に関する定義要素は、特にこうした現場がボトムアップで行うIT化やIoT化を支援するためのものである。特に、ITの専門家ではない担当者が利用することを想定して、現状のITのしくみ、あるいはあるべきITのしくみをモデルとして記述し検討するために活用する。ここでは**表4-3**に示す4種類の定義要素により、対象とする問題の一部をデジタル技術を用いて解決する場合の方法と、それを実現するためのシステムの定義を示す。

　まず、スマートシンキングにおける"ロジック（Logic）"は、ビジネスロジックであり、業務担当者にとってそこで行われていることの意味が理解でき

表4-3　デジタル設計に関する定義要素

要素名	表示例	説明
ロジック Logic	ロジック	デジタル技術を用いて、どのような価値の生成や提供ができるかを示す。基本的にはデータ処理であり、入力と出力を伴う。役者をデジタル空間上に置き換えたものとも言える
プロセス Process	プロセス	ロジックの一部として対象とするデータを操作する要素。派生形として機械の一部としてモノ項目を操作する「機能」、および情報の一部として情報項目を操作する「演算」がある
イベント Event	イベント	プロセスを実行した結果として、ある時点で状態が変化したことを示す要素。これは、他のプロセスを起動するトリガともなり、複数のプロセス間の時間的な先行関係を示す
データ Data	データ	モノや情報の内容などを、計算機や通信機によって処理可能なようにデジタルで表現したもので、計算または伝送する最小単位。情報やモノの項目にデータ項目が対応する

る内容となる。ロジックは、ITに関する知識がない人でも理解が可能であることを想定したものであり、IT内部の実装ロジックとは区別する。

　ロジックは、業務担当者が行う仕事の一部を、デジタル技術を用いて代替または支援するものである。結果としてロジックの内容によって、業務のパフォーマンスが大きく向上する。たとえば、RPA（Robotic Process Automation）では、担当者の表入力や確認作業などを自動化するが、これは役者の活動をロジックに置き換えることに対応する。したがって、業務担当者が自らロジックを把握し、その問題点やカイゼン点を指摘し、その内容について議論することが効果的となる。

　これに対して、"プロセス（Process）"はロジックを実現するための手段であり、主にデジタル技術、データなどをどのように利用し、計算、加工するかを示す。これは、ロジックをコンピュータ上で実装するIT技術者あるいは、情報システム部門の担当が議論する粒度に近い。つまり、業務担当者はプロセスについて知らなくてもよい。

表4-4　定義される親に対応したプロセスの名称

上位の定義要素	名称	説明
ロジック	プロセス	プロセスは、通常はロジックの内容を示すために、IT側の詳細な手順を定義する場合に利用する
情報	演算	現場側で情報に対応した裏側のしくみとして、表示または入力される内容に関する演算などのプロセスが対応する
機械	機能	モノが機械やロボットのように何らかの仕事を自動で処理を行う場合には、その内容を機能として示す

　スマートシンキングにおけるプロセスは、ロジックの内容を具体的に説明するための役割と、ロジックが実現可能であることを確認する役割も担っている。したがって、プロセスは実際のロジックの動作を特徴づけるための情報として、それが実装されたモノに依存した形で具体化される。

　なお、プロセスはロジックに対して定義される以外に、表4-4のようにモノ（機械）および情報に対しても定義可能となっている。この場合は、モノ（機械）に対応するプロセスを"機能"と呼び、情報に対応するプロセスを"演算"と呼んで区別している。モノに対応するプロセスの場合は、物理的な動作を伴う点が異なり、情報に対するプロセスの場合は、情報に対する操作が伴う点が異なる。

　スマートシンキングにおける"イベント（Event）"は、ある時点で、現場あるいはIT側で、何らかの意味のある変化が起きることを示すための定義要素である。プロセスが、その実行に一定の時間経過を伴うのに対して、イベントはその変化が一時点であるという特徴があり、この特徴によって両者を使い分けることもできる。

　最後に、"データ（Data）"は、ロジックやプロセスが、ITの内部で実際に実行される場合の入力となり、このデータを対象として実際の計算や伝送が行われる。また、データは、現場側にあるモノや情報とIT側とをつなぐための媒体ともなる。特に、スマートシンキングにおけるデータの位置づけは、コン

ピュータ内部の処理のみに注目したものでなく、モノや情報がデジタル技術を用いて効果的につながるための重要な構成要素となっている。

　情報の場合は、目的や状況に応じてそれを解釈する人を対象として提供されたものであるのに対して、データはその利用目的には依存しない形で、客観性を保ったまま、複数の異なる用途に応じて加工し応用することができる。ある場所、ある人にとっては価値のない事実が、別の場所の別の人にとって重要な意味があるような状況では、それをデータ化しつなげることで大きな価値を生む。

4-4 モデル集約のための定義要素

　ものづくりの現場や関連する事務所側での業務、さらには販売サービスの現場における業務など、さまざまな場面において具体的な問題や課題を議論するのと並行して、より大きな視点、全体的な視点で対象をとらえることも重要となる。個別の問題、部分的な問題のみに注力することは、部分最適としてその対象範囲で効果を上げるが、それが組織全体の中では機能しない場合がある。すなわち、部分最適が全体最適につながらないケースとなり、これは避けなければならない。

　すでに活動現場に関する定義要素や、デジタル設計に関する定義要素において、現場のオペレーションレベルの視点から、問題のより詳細な構造を記述するための定義要素を示した。ここで説明するモデル集約のための定義要素は、それまでに定義された内容を構成要素として、より粒度の大きな単位で定義するために利用する。

　モデル集約要素は、他の定義要素が存在することを前提に、それらを特定の概念でまとめ集約するための定義要素である。スマートシンキングでは、モデル集約のための定義要素としてエリア、組織、コンポーネント、そして状態の4種類が用意されている（**表4-5**）。

　"エリア（Area）"は、空間的な視点で、他の定義要素の範囲を示す定義要素である。エリアは主にモノ、情報など物理的な対象が存在する定義要素が対応づけられる。たとえば、工場の1階フロアと2階フロアは、同じ種類の機械が並んでいても、エリアとして分けて管理したい。また、事務所やサテライト工場などもエリアとして定義し、あえて距離が離れていることを明示的に示す。

　"組織（Organization）"は、業務およびそれを遂行する役者の関係構造を示すための定義要素となる。これは、企業活動における責任と権限に関するまとまりを単位としたものであり、会社の部門や部署に相当する。大企業では会社の組織は階層化されているが、ここではできるだけ階層は設けずに、それぞれの役者がどの部門や部署に所属しているかをシンプルに示すだけで十分であ

表4-5　モデル集約のための定義要素

要素名	表示例	説明
エリア Area	エリア	物理的な場所の単位。空間的に境界が識別可能な場合、および管理上意味のある単位で範囲を指定されたものが対応する
組織 Organization	組織	目標や課題を共同で実施し、同じ指標を共有できる範囲。役者を構成要素として持つ。組織間では利害関係が対立する場合がある
コンポーネント Component	コンポーネント	デジタル上で定義されるロジックやデータなどを、その結合の強さを考慮し、再利用が可能な形でグループ化したもの
状態 Condition	状態	情報、モノ、データ、あるいはそれらからなる組織のある時点の特性を示す。特定の項目の値およびその関係によっても定義できる

る。

　"コンポーネント（Component）"は、主にデジタル設計のための定義要素を対象とし、データ、ロジック、そしてロジックに付随するプロセスやイベントなどを、特定の用途や目的を具体化する手段としてパッケージ化したものである。レストランで言えば、ロジックが単品、コンポーネントはセットメニュー、あるいはコースメニューに相当する。

　インターネットの世界では、サービス指向のアプローチにより、それぞれの機能単位が一つのサービス（マイクロサービス）として位置づけられる。これらは、スマートシンキングにおけるロジックやプロセスに対応する場合が多い。また一方で、製造業の現場のITにおいて利用される業務アプリは、多くの場合、スマートシンキングにおけるコンポーネントに相当する場合が多い。

　最後に"状態（Condition）"という定義要素は、活動現場の側あるいはデジタル設計の側のどちら側に位置づけられるかにかかわらず、モノ、情報、デー

タ、そして活動やプロセスがどのような状況にあるかを示すために利用される。状態は過去、現在、未来のいずれの時点をも対象とする。"課題"とは異なり、定義する人の意図を含めず、モノや情報を主語とする客観的な記述とすることが望ましい。

　スマートシンキングでは、"状態"を構成要素となる項目の値が取り得る範囲などによって厳密に定義する場合もあるが、スマートシンキングの各チャートで定義した他の定義要素の補足説明的に利用する場合も多い。ただし、後者の場合であっても、そこでの記述は関連する他の定義要素がモデルとして単独で表現しきれていない内容を、さまざまな状況を集約する形で追加的に記述したものとして位置づけられる。

4-5 モデル補助のための定義要素

　スマートシンキングにおいてモデル補助のための定義要素は、対象とする問題を定義する上で、すでに存在する他の定義要素の内容を補足する形で補助的に利用される定義要素である。モデル集約要素と同様に他の定義要素を前提としているが、補助要素の場合はそれ単独では意味を定義することができないものもある。

　たとえばスマートシンキングでは、モデル補助のための定義要素としてステージ、指標、項目、そして手順の4種類が提供されている（表4-6）。このうち、ステージと指標は、問題解決の対象とする組織の側ではなく、問題解決を行う主体の側が独自に設定した補助的な定義と言えるものである。

　一方で、項目と手順については〇〇の項目、〇〇の手順というように、定義の前提となる対象が存在することが必要であり、前提となる定義要素の定義が削除されれば、それと同時に補助となる定義要素も削除されることになる。

　問題設定に関する定義要素における“目標”や“課題”は、ある時点やある段階において明らかとなっている状況を前提とするが、変化する環境の中ではそうした前提が変わり、それに応じて課題や目標も異なってくる。

　スマートシンキングにおいて、前提そのものが段階的に変化する場合には、“ステージ（Stage）”を用いることで状況に応じた課題や目標を定義することができる。ステージは、問題解決の対象となるモノや情報や役者に関する定義ではなく、問題解決を行う主体の側、問題を認識し定義し、実施する側の方針や実情に応じて決められる定義要素となる。

　“ステージ”の定義は、目標が複数ある場合に一挙にすべてを達成させるのではなく、フェーズに分けて段階的に実現していく場合に効果的である。スマートシンキングにより、あるべき姿、ありたい姿が明らかになったとして、それを実現するためには多くのハードルや達成すべき目標があるようなケースでは、はじめから最終的な姿を望まずに、段階的に進めていき、再度レビューしつつ最終的なあるべき姿に到達することを目指す。

　スマートシンキングでは、問題解決をする主体と解決すべき問題そのものを

表4-6　モデル定義の補助となる構成要素

要素名	表示例	説明
ステージ Stage	ステージ	対象とする問題解決を構成する目標や課題などを、状況に応じてグループ化するための単位。大きな問題を複数の問題解決に分け、段階的に進めることができる
指標 Index	指標	問題を解決する当事者の視点を整理するために、問題解決者側が持つ個別の問題定義に依存しない価値観で普遍的な評価または測定基準を示すもの
項目 Property	情報項目 モノ項目 データ項目	モノや情報やデータの構造およびその内容を、属性名と値の形で記述するためのもの。モノと情報の項目は、データの項目に対応させることができる
手順 Operation	プロセス手順 活動手順	活動やプロセス、機能、演算などの具体的な手順を示す単位。基本的に順序が決まっている。一つの手順で他のモノや情報やデータを操作する

　有する現場が、現実の中で一体化している点が特徴でもある。一方で、これによりモデルの定義要素が示す内容が、問題解決をする側なのか問題を抱えている対象の側なのか、判断が難しい場合も多い。

　その点で言うと、"指標（Index）"はステージと同様に、問題解決をする主体の側に帰属する定義要素に分類できる。したがって、指標はボトムアップな現場カイゼンアプローチに、トップダウン的な問題解決のアプローチを対応づけるための接点として位置づけることができる。

　続く2種類の定義要素である"項目（Property）"と"手順（Operation）"は、文字どおり対象となる定義要素の補助となる要素である。まず"項目"は、現場活動に関する要素定義であるモノと情報、あるいはデジタル設計に関する要素定義であるデータに対して、さらにその詳細な内容を属性名と属性値のペアの形で示すための要素となる。

　"項目（Property）"は、それが従属する定義要素に応じて、"モノ項目""情

報項目""データ項目"と呼ぶ場合もある。ITの世界では、データおよびデータ項目はクラスまたはオブジェクトとその属性として定義され、データベースの設計など、システムを設計し実装する上で重要な定義要素となる。

"手順（Operation）"は、活動やプロセスを補助する形でその動的な操作内容を示す定義要素である。それぞれの定義要素は、補助する相手の定義要素の種類に応じて、"活動手順"および"プロセス手順"と呼ぶ場合もある。

手順を定義することは、簡単なように見えて実際にはとても難しい。冗長な手順定義もあれば、抽象的すぎて動作が特定できない記述、あるいは論理的に矛盾を含む記述もある。一方で個別の状況を意識しすぎると、一般的なその他の状況に適用できない。

このように、項目や手順に関する定義は詳細な記述になるため、一般的かつ網羅的に表記することが困難な場合が多い。実際にこれらの定義要素を用いて定義された内容は、システム開発における実装フェーズではこの内容を参考としつつも、より精緻な定義を再度行うことになる。したがって、スマートシンキングにおける定義の中では、現実的な範囲内でそれぞれの状況に応じて場合分けし、あるいは段階的に記述するなどその都度、必要十分な内容のみを定義することを心掛けるとよい。

第 5 章

問題発見と共有の道具

　情報システムの開発では、その過程において開発するシステムの技術的な仕様を決定する。しかし、その前に重要なステップとしてそもそも何が問題なのか、何がやりたいのかについて新たに開発するシステムの利用者や関係者が、十分に理解し納得しておくことが必要である。担当者は当たり前のことと思っていても、それが相手に伝わっていないことは多い。伝わっていても、合意されていたかどうかは曖昧なまま進める場合が多い。本章では、問題発見と共有のための道具として、四つのチャートの活用方法を解説する。

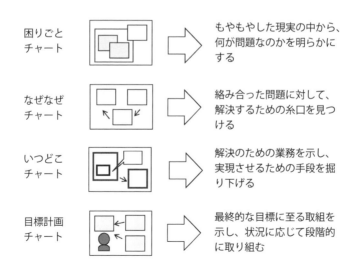

困りごと
チャート → もやもやした現実の中から、何が問題なのかを明らかにする

なぜなぜ
チャート → 絡み合った問題に対して、解決するための糸口を見つける

いつどこ
チャート → 解決のための業務を示し、実現させるための手段を掘り下げる

目標計画
チャート → 最終的な目標に至る取組を示し、状況に応じて段階的に取り組む

5-1 困りごとチャート

もやもやした現実の中から、何が問題なのかを明らかにする

　困りごとチャートは、現状におけるさまざまな事実を列挙し、そこから課題を明らかにするためのチャートである（図5-1、5-2）。事実と課題は、通常は一体となっている場合が多いため、それをあえて意識して分けることで客観的な事実に関する解釈を定義し、問題意識を明らかにしていく。また、類似している事実や解釈をチャート上で寄せて配置し、必要に応じてそれらを新たな解釈として課題でまとめることで、問題の構造を明らかにする。

　このようにして、困りごとチャートでは問題の全体の構成を意識しつつ、網羅的かつ鳥瞰的な視点からヌケ、モレがないようにできるだけ多くの課題を洗い出すことで、最終的な問題解決における目標の方向性を議論する前提を提供する。困りごとチャートは、KJ法や親和図法と共通する部分が大きい。

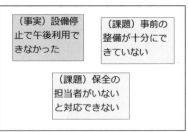

図5-1　困りごとチャートの表記例

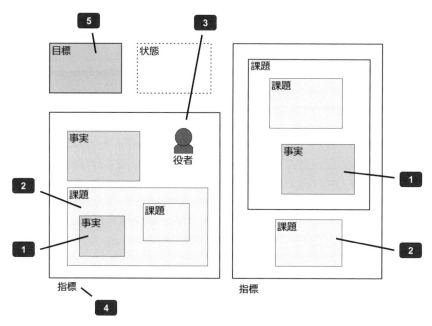

図5-2　困りごとチャート

　困りごとチャートでは、**表5-1**に示す手順により主に事実と課題が定義される。また、指標がそれに付随して定義される。

表5-1　事実と課題を定義する手順

手順	説明
1	問題の発端となる事実を列挙する。「〜である」「〜だった」という第三者的な記述となる
2	事実に対する問題認識を課題として定義する。「〜である」または「〜でない」という記述となる
3	意味の近い事実や課題を集めて配置する。必要に応じて、役者を課題に対応させて配置する
4	必要に応じて特定の指標で事実や課題をまとめて配置する
5	全体としての目標や、前提となる状態などがある場合は追記する

なぜなぜチャート

絡み合った問題に対して、解決するための糸口を見つける

一つの課題を解決するためには、その原因となる別の課題も併せて解決しなければ、結局同じことがまた繰り返される場合がある。表面的な課題のみではなく、根源的な課題や真の課題は何かを考え、より根源的な課題について対策を実施することが望ましい。

なぜなぜチャートは、複数の課題からなる関係構造を明らかにし、問題の根源を理解するためのチャートである（**図5-3、5-4**）。なぜなぜチャートでは、チャート上に定義された課題の中で、複合的な要因を持っている場合やそれ単体では解決が不可能なものは、その原因となる別の課題を設定し展開していく。

このチャートによって、複数の課題の間を原因と結果の関係でつなぎ、より根源的で効果的な課題は何であるかが明らかとなる。また、さらにそこで明らかとなった課題に対して、対策となる解決手段を結びつけ、取組として何をし

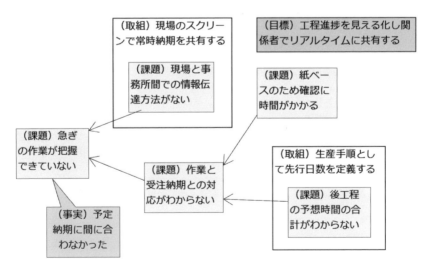

図5-3　なぜなぜチャートの記述例

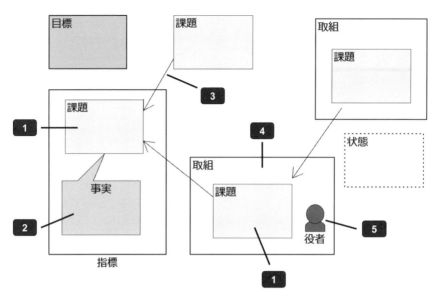

図5-4　なぜなぜチャート

なければならないかを設定し検討する。

　なぜなぜチャートでは、**表5-2**に示す手順により主に課題が定義される。また、取組がそれに付随して定義される。

表5-2　課題を定義する手順

手順	説明
1	困りごとチャートで挙げた課題の中で、その背後に別の課題が別にありそうなものを選択する
2	必要に応じて、その課題の背景としてどのような事実があるかを示す
3	なぜその課題が挙げられたのか、原因となる課題を列挙し矢印でつなぐなぜ、なぜ、を2回程度繰り返す
4	単独で解決できそうな課題について、解決手段としての取組を設定する
5	必要に応じて指標を追加して囲み、目標や課題の当事者を役者として示す

いつどこチャート

解決のための取組を示し、実現させるための手段を掘り下げる

　いつどこチャートは、問題を解決するための具体的な取組を検討するためのチャートである（図5-5、5-6）。ここでは、問題における困りごとや課題は明らかになっている前提で、問題解決のためにやらなければならない取組を定義する。ここで問題解決に関与する主体、すなわちスマートシンキングに参加しているメンバーが会社や組織を巻き込み、いつ、どこで、誰と、どのように、当事者として問題解決に関わるかという関与の内容が明らかとなる。

　この時点で定義されている課題は、あるがままの事実とありたい姿である要求とのギャップを明らかにしただけであり、ここでそのギャップを埋めるための手段や方策を新たに定義する必要がある。ここで提示する取組は、すでに提示された課題を解決する取組からスタートし、その取組を実現するための取組という形で、目的、手段の関係で詳細化していく。最終的に、役者の活動や、ロジックに落とし込めるレベルとなった時点でこの展開が終了する。

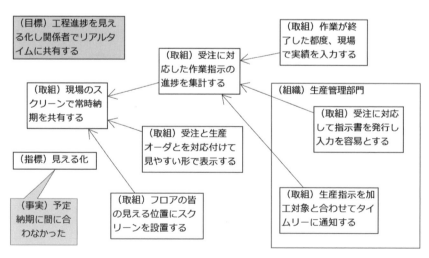

図5-5　いつどこチャートの表記例

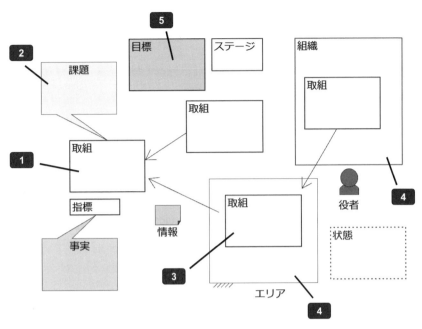

図5-6　いつどこチャート

　いつどこチャートでは、**表5-3**に示す手順により主に取組が定義される。また、目標がそれに付随して定義される。

表5-3　取組を定義する手順

手順	説明
1	なぜなぜチャートで設定した取組から、具体的に取り組む対象を取り上げる
2	取り上げた取組が対象とする課題を改めて設定する
3	対象とする取組を実施し、課題を解消するための手段となる取組を新たに定義して、矢印でつなぐ
4	業務を担当する組織、あるいは取組を実施するエリアを、必要に応じて設定して囲む
5	必要に応じて、目標、ステージ、状態を追記する

5-4 目標計画チャート

最終的な目標に至る過程を示し、状況に応じて段階的に取り組む

　目標計画チャートは、問題解決のために必要なさまざまな取組を、企業や組織全体の目標の形でまとめ、その実現をいくかのステージに分けて段階的に行うことを、関係者であるステークホルダに対して提示するためのチャートである（**図5-7、5-8**）。

　問題解決のために実施すべき取組は、ここで全体の視点、あるいは外部の視点で目標の形で提示され、いずれかのステージに割り振られる。それぞれのステージでは、そこで設定した目標を達成することに専念する。各ステージには、そこでの目標が達成されたかどうかを判定するための状態が定義されており、その条件を満たすと次のステージに移行する。

　このように目標計画チャートにより、最終的に目指す姿と、現状とのギャップを段階的に埋める道筋を明らかにする。

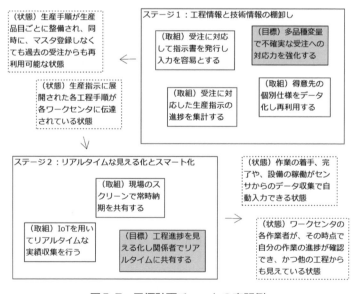

図5-7　目標計画チャートの表記例

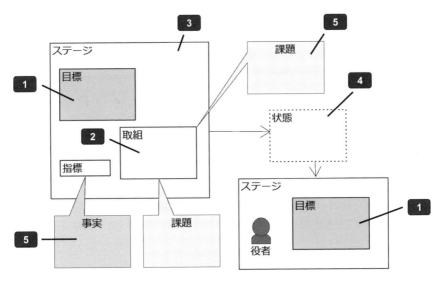

図5-8　目標計画チャート

　目標計画チャートでは、**表5-4**に示す手順により主に目標とステージが定義される。また、状態と課題がそれに付随して定義される。

表5-4　目標とステージを定義する手順

手順	説明
1	ここまでに得られた目標を列挙する。必要に応じて新たに目標を追加する
2	目標に到達するための取組の中から、主だったものを列挙する。必要に応じて追加する
3	目標と関連する取組に対して、すぐに取り組むもの、中長期のものなどのステージを定義する
4	それぞれのステージの目標が達成された状態を定義し、ステージ間を矢印でつなぐ
5	必要に応じて取組に対応する課題、指標に対応する事実などを追記する

さまざまなシンキングメソッド

　スマートシンキングは、複数のメンバーからなる組織の思考プロセスを対象としたメソッドである。日本では川喜田二郎氏が考案したKJ法に代表されるように、思考プロセスを対象としたメソッドが多数提案されている。個人を対象とした思考プロセスが大半であるものの、こうしたメソッドはそれぞれが生まれた経緯や対象領域に応じて特徴があり興味深い。

　しかし、こうしたメソッドの提案は、残念ながら近年は輸入超過である。その源流は日本独自の文化や価値観などを多分に含むものも、フレームワークとして整理され実証されたメソッドが、米国を中心に海外で開発され、それらが日本でも広く紹介されている。

　そこで、特にスマートシンキングとの関係を踏まえ、よく知られているシンキングメソッドについて挙げ、その特徴を簡単にまとめておく。

■デザインシンキング——製品やサービスを開発し提供するにあたって、その利用者の視点に立ってものごとを考えるためのメソッドである。表層的な要求だけではなく、その背後にある見えないニーズをもとらえることが重要とされる。

■ロジカルシンキング——個人の頭の中で行われている思考プロセスは、直感的で非論理的な部分も多い。こうした部分を記号化、言語化、構造化し、論理的な思考プロセスを適用可能とすることで、より高度で精緻な意思決定を行う。

■システムシンキング——情報が飛躍的に多くなり、設計対象の複雑性が極度に高まった結果、単独の思考プロセスでは対象が理解できない状況において、思考プロセスを含めた階層化により、対象をシステムからなるシステムとしてとらえる。

第 **6** 章

業務分析と提案の道具

　問題解決の対象となる業務について、改めてその内容を第三者に説明しよう
とする場合、何から説明してよいか困る。自分にとって当たり前のことを、そ
れをまったく知らない相手に伝えるためには、まず、どこから話をスタートし
たらよいかという判断からスタートとなる。結局、この行ったり来たりが、コ
ミュニケーション上の労力と時間的なロスにつながっている場合が多い。

　こうした点をクリアするには、問題をとらえるための視点と粒度を最初に定
めることが重要となる。また、表現する対象が、ありのままの現状（AS-ISモ
デル）を表しているのか、それともありたい姿（TO-BEモデル）を示してい
るのかも明確に区別する必要がある。本章では、こうしたステップにおいて有
効な業務分析と提案の道具として、四つのチャートの活用方法を解説する。

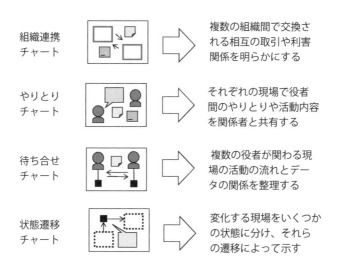

組織連携
チャート
→ 複数の組織間で交換さ
れる相互の取引や利害
関係を明らかにする

やりとり
チャート
→ それぞれの現場で役者
間のやりとりや活動内容
を関係者と共有する

待ち合せ
チャート
→ 複数の役者が関わる現
場の活動の流れとデー
タの関係を整理する

状態遷移
チャート
→ 変化する現場をいくつか
の状態に分け、それら
の遷移によって示す

6-1 組織連携チャート

複数の組織間で交換される相互の取引や利害関係を
明らかにする

　組織連携チャートは、現実の業務あるいはあるべき業務の姿を、組織を一つの単位とし、複数の組織間での連携という広範囲な視点から問題を表現するためのチャートである（図6-1、6-2）。

　ここで対象となる組織は、企業内の部門や工場はもちろんであるが、取引のある得意先や協力工場、あるいは販売店や最終顧客などもその候補となる。したがって、組織連携チャートはいわゆるビジネスモデルの記述に近い。

　組織連携チャートでは、企業内で独立した部門や企業を超えた連携が必要な場合に、組織間でのモノ、情報、そしてお金（指標）の流れを明確にし、組織間をまたぐ業務のしくみを明らかにする。特に企業間の場合には、このチャートによって組織間でのモノや情報の流れを検討することで、社内の業務の効率化にも大きく寄与する。

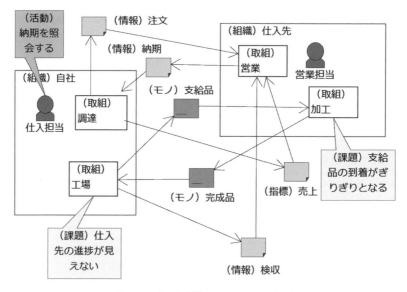

図6-1　組織連携チャートの記述例

78

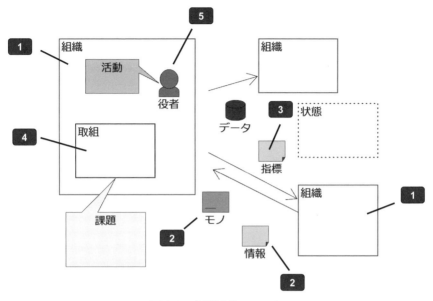

図6-2　組織連携チャート

　組織連携チャートでは、**表6-1**に示す手順により主に組織が定義される。また、モノ、情報、指標がそれに付随して定義される。

表6-1　組織を定義する手順

手順	説明
1	対象となる組織として、自社内の場合は関係部門、社外の場合は取引先を設定する
2	組織間で移動するモノ、情報、データがある場合は列挙して、矢印でつなぐ。矢印は組織間を直接つないでもよい
3	お金（価値）の受け渡しがある場合は、指標を用いて設定する
4	連携に関与する取組を設定し、必要に応じてそこでの課題を示す
5	連携に関与する担当者を役者として示し、連携のための活動を示す

6-2 やりとりチャート

それぞれの現場で役者間のやりとりや活動内容を関係者と共有する

　やりとりチャートは、現場における困りごとの現状やあるべき姿を、具体的な登場人物を役者として設定し、その役者の活動を通して表現し共通の理解を深めるためのチャートである（**図6-3、6-4**）。ここでは、問題の対象となる特定の場面を想定し、関係者を役者として、実際に現場で行っている活動の内容を具体的に示す。

　日々の業務に関する活動内容を記述することは簡単ではない。そこで、やりとりチャートではすべての活動を、その対象がモノか情報かを明確にし、モノの名前や情報の名前、そしてそれに対する操作としての動詞の形の文章とし、それ以上詳細には記述しない。結果として一方の役者は、モノまたは情報を介して他の役者とつながる。やりとりチャートでは、こうした関係構造により対

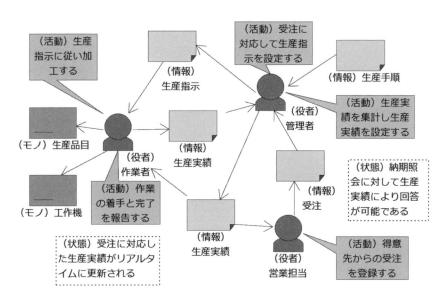

図6-3　やりとりチャートの記述例

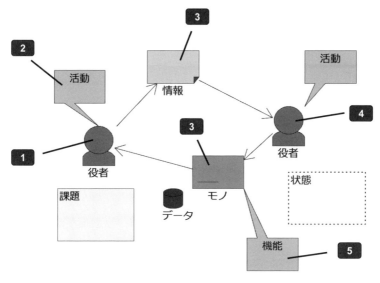

図6-4　やりとりチャート

象業務を知らなくても、そこでのモノと情報の流れの概要を理解し、状況の共有を可能とする。

　やりとりチャートでは、**表6-2**に示す手順により主に役者と活動が定義される。また、モノや情報、指標がそれに付随して定義される。

表6-2　役者と活動を定義する手順

手順	説明
1	対象となる課題を取り上げ、当事者として最も関係の深い者を役者として設定する
2	対象となる役者の仕事の内容を活動として具体的に示す
3	活動の中で対象となったモノあるいは情報を列挙し、矢印でつなぐ
4	モノや情報を介して、やりとりの対象となる相手を別の役者として設定しつなげる
5	モノが機械などのように機能を持つ場合は、必要に応じて追記する

6-3 待ち合せチャート

複数の役者が関わる現場の活動の流れとデータの関係を整理する

　待ち合せチャートは、現場におけるそれぞれの業務担当者の活動が、他の担当者との間で同時並行的に進められている場合や、機械やコンピュータとの連動が求められている場合において、それらの時間的な流れを示すためのチャートである（**図6-5、6-6**）。

　ここではモノが、材料や工具のような受動的なモノと設備や機械のように、能動的なモノに分けられる。後者となる能動的なモノは、機械として待ち合せチャートの最上列に配置され、役者と同様に関連するイベントおよびプロセス（機能）が時間の経過にあわせて定義される。

　また待ち合せチャートでは、こうした役者や機械間のモノや情報の流れを示すとともに、関連するデータがどのタイミングで設定され、どのタイミングで利用されるかについても明らかにする。したがって、待ち合せチャートは物理

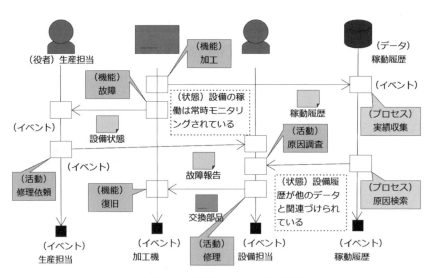

図6-5　待ち合せチャートの記述例

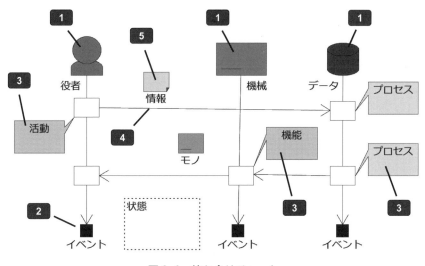

図6-6　待ち合せチャート

現象が支配する現場の世界と、コンピュータなどデジタル機器内で展開される
ロジックの世界との関係を示すチャートとしても位置づけられる。

　待ち合せチャートでは、**表6-3**に示す手順により主に役者とモノ（機械）が
定義される。また、データがそれに付随して定義される。

表6-3　役者とモノを定義する手順

手順	説明
1	待ち合せの主体として関与する役者またはモノ（機械）を列挙する。また、データが関与する場合はデータも追記する
2	それぞれの主体に対して、シーケンスの終了を意味するイベントを設定し矢印でつなぐ
3	役者に対しては活動、モノ（機械）に対しては機能、データに対してはプロセスをシーケンス上に配置する
4	活動、機能、プロセス間を水平方向の矢印でつなぐ。相手がない場合はシーケンスバーとつなぐ
5	主体間で移動するモノや情報がある場合は、水平方向の矢印に追記する

6-4 状態遷移チャート

変化する現場をいくつかの状態に分け、それらの遷移によって示す

状態遷移チャートでは、着目すべき状態をあらかじめ定義しておき、それらの状態がどのようなときに他の状態に遷移するかを示したものである。これにより、対象とするものづくりの現場や、一見して複雑な状況に見えるしくみ全体のダイナミックな挙動を理解することが可能になる（**図6-7、6-8**）。

ここで定義する状態には、対象となる業務において好ましい状態、あるいは好ましくない状態がある。状態遷移チャートでは、そうした状態がどのような要因によって起こるのか、あるいはどのような活動によりその遷移をコントロールできるのかを知る。

それぞれの状態は言葉で定義するか、あるいはモノ項目、情報項目、データ項目などの値の範囲として定義する。状態遷移のイベントは、ロジックや機械によって起こす場合もあるが、役者が活動によって遷移させることもできる。

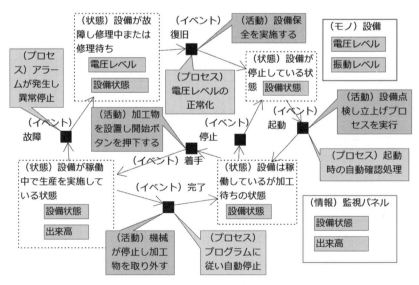

図6-7　状態遷移チャートの記述例

84

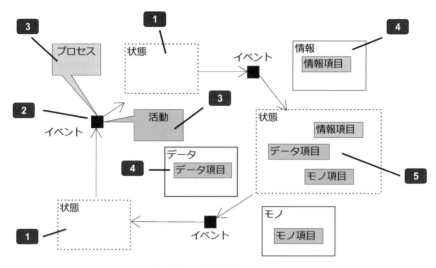

図6-8 状態遷移チャート

　状態遷移チャートでは、**表6-4**に示す手順により主に状態とイベントが定義
される。また、活動とプロセスがそれに付随して定義される。

表6-4　状態とイベントを定義する手順

手順	説明
1	問題を定義する上で遷移可能な状態を列挙し、それぞれの状態を説明する
2	状態が他の状態に遷移するためのイベントを定義し、状態と矢印でつなぐ
3	イベントを実行するために役者が関与する場合は活動、ロジックや機械が行う場合はプロセスを設定する
4	状態を定義するために、モノ、情報、データに関する項目をパラメータとして利用する場合はそれらを設定する
5	項目を移動または複製し、関連する状態に配置する

AI（人工知能）は本当に知的なのか？

　現在は第3次AIブームであると言われている。いや、ブームという一過性のものではなく、もはやAIの時代になったと言っていいのかもしれない。ディープラーニング（深層学習）技術は、人間の五感の中で視覚と聴覚の一部のエリアをカバーしつつある。

　この結果、世間で言われているように、AIによって職を失う人が増えるかと言えば、筆者はそうは思わない。AIによってこれまで人間が行ってきた仕事がなくなるのではなく、仕事のやり方が変わるだけである。

　たとえば、工場で目視検査を行っていた作業者は、これまで終日目を凝らして作業を続けてきた。今後は、AIによって単純な不良品は判別できるので、より判断が難しいケースのみが対象となり、より高度な検査が可能となる。検査員の仕事はなくならない。

　そして何より重要なのは、新たな生産品目や新たな品質要求があった場合に、それに対応する不良品の判定ルールを、AIに教えるための模範を検査員が示さなければならないという点である。AIは教えたことしかできない、教えていないことは一切やらない。"おばかさん"なのである。

　さらに、教えるにしてもその覚えは悪く、1回、2回では不十分で、何百回どころか何千回、何万回も教えなければならない。これは、知的であると言えるのだろうか。ただし、ひとたびコツを覚えると、昼夜なく働くタフなところは折り紙付きではある。

　そんなAIではあるが、うまくつき合えば、この単純さゆえにかえって愛着が湧く相手として現場に馴染むかもしれない。一方で、こうした流れに逆らい、頑なに仕事のやり方を変えずにいれば、逆にこちらの居場所がなくなる危険性は大いにある。

第 7 章

システムの設計の道具

　ものづくりの現場は、さまざまな要素が複雑に絡み合ったシステムとしてとらえることができる。そこではモノや情報が日々、時々刻々と交差し、状況に応じて人が意思決定しつつ、それらが常に変化し、その結果として目的に応じたアウトプットがなされる。こうしたシステムは、誰かが設計したというよりは、少しずつ進化し現在に至ったものである。

　ただし、こうしたシステムの構成要素であるモノや情報については、問題解決のプロセスの中で誰かが設計し、それを実装することはできる。またスマートシンキングの定義要素である役者が行う活動の手順や、そこで扱うモノや情報をデータとして扱い、デジタル技術を活用するという議論は、可能であり重要である。本章では、ものづくりの現場におけるモノ、情報、役者、そしてデータに着目し、それらを個々により詳細に設計するための道具として四つのチャートを紹介し、その活用方法を解説する。

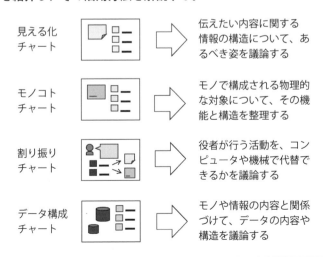

見える化チャート		伝えたい内容に関する情報の構造について、あるべき姿を議論する
モノコトチャート		モノで構成される物理的な対象について、その機能と構造を整理する
割り振りチャート		役者が行う活動を、コンピュータや機械で代替できるかを議論する
データ構成チャート		モノや情報の内容と関係づけて、データの内容や構造を議論する

見える化チャート

伝えたい内容に関する情報の構造について、あるべき姿を議論する

　見える化チャートでは、情報とそれを構成する情報項目を示し、その構造を明らかにするとともに、それを意味が伝わりやすく、操作がしやすい形で配置する形式を議論する（図7-1、7-2）。見える化チャートが対象とする情報は、帳票や画面などに対応しており、役者が何らかの媒体を通してその内容を認識または指定できる形式となる。なお、見える化チャートの対象には、デジタル化されていない手書きの帳票やメモ、ホワイトボードなども含まれる。

　画面や帳票の場合は、複数の情報が入れ子になって構造化されている場合がある。デジタル機器によって表示される情報は、その背後に対応するデータが存在するが、アナログの場合はそれがない。デジタル化された情報の場合、その一部である情報項目や情報そのものは、演算を行うことにより動的に検索し

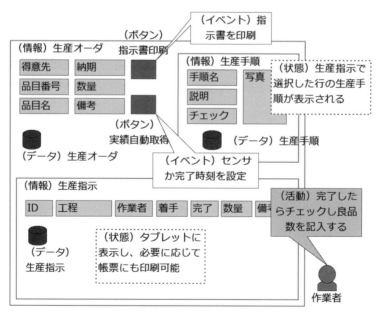

図7-1　見える化チャートの記述例

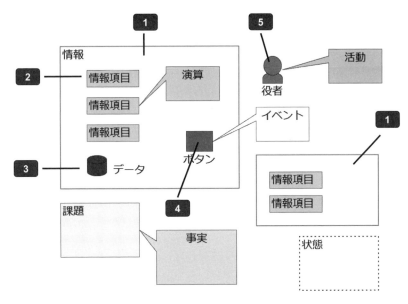

図7-2　見える化チャート

たり切り替わったりする場合もある。

　見える化チャートでは、表7-1に示す手順により主に情報と情報項目が定義される。また、情報の特別な形式としてボタンが付随して定義される。

表7-1　情報と情報項目を定義する手順

手順	説明
1	対象とする画面や帳票を構成する情報を設定する
2	情報を構成する情報項目を設定する。また、情報項目が何らかの演算によって取得される場合は演算を追記する
3	必要に応じて情報に対応するデータを、データが表示される部分に配置する
4	必要に応じてボタンを設定し、情報に関する外部からのイベントを定義する
5	必要に応じて情報を操作する役者を設定し、情報の利用方法を活動によって示す

モノコトチャート

モノで構成される物理的な対象について、その機能と構造を
整理する

　機械や設備は単純なものを除いて、複数のモジュールや部位によって構成されている。こうした内容は、設備の設計時や設備の保全を行う場面などで活用される。モノコトチャートでは、こうした機械や設備の構成とそれによって実現可能となる機能を共有し、関係者間で検討するためのチャートである（**図7-3、7-4**）。

　モジュールや部位はモノとして別途定義し、入れ子関係となる。特にセンサやアクチュエータなどは、モノとコトを変換するデバイスとして強調する形で記述され、それらを起動するイベントが示される。

　モノを特徴づける仕様や設定値や状態値などは、モノ項目として定義し、モノ項目には機能を付与することができる。なお、このチャートは形状や大きさを視覚的に表現するのが目的ではないため、それらは必要に応じてモノ項目に

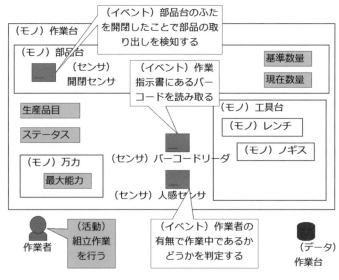

図7-3　モノコトチャートの記述例

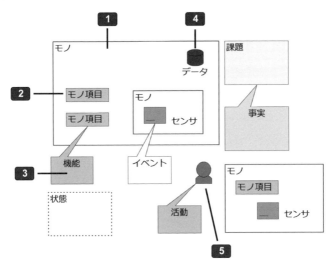

図7-4　モノコトチャート

よって示す。

　モノコトチャートでは、**表7-2**に示す手順により主にモノとモノ項目が定義される。また、モノの特別な形式であるセンサが付随して定義される。

表7-2　モノとモノ項目を定義する手順

手順	説明
1	対象とする設備やモノを設定する。設備を構成する部位はモノとして設備の内部に配置する
2	モノに関する内容を示すためのモノ項目を、モノに対応づけて設定する。また、モノ項目が機能を持つ場合はあわせて設定する
3	モノに関する状態を計測するためのセンサを配置する。また、必要に応じてセンサに対応するイベントを設定する
4	IoTなどにより、モノがデータと関係づけられている場合は、モノ項目に対応するデータを設定する
5	必要に応じてモノを操作する役者を定義し、モノに対する操作を活動として定義する

割り振りチャート

役者が行う活動を、コンピュータや機械で代替できるかを議論する

　割り振りチャートは、対象となる業務を担当する役者の活動について、さらに詳細に検討するためのチャートである（図7-5、7-6）。ここでは、それぞれの活動が、その実現手段として活動手順に展開される。割り振りチャートでは、そこで明らかになった活動手順の各内容について対応するモノ、情報、そしてロジックとの関係を明らかにする。

　割り振りチャートの用途としては、AS-ISモデルとして現状の活動内容をそのまま記述し、その活動手順の内容や構成から課題を明らかにする。そしてその上で、TO-BEモデルとしてそれらを新たなモノや情報、あるいはロジックに対応づけ、機能や演算やプロセスに置き換えられるかを検討する場合にも利用できる。

　また、複数の異なる活動や異なる役者間でそれぞれの活動手順を列挙し、ヌケ、モレ、ダブリなどをチェックするなど、役者が行っているそれぞれの活動

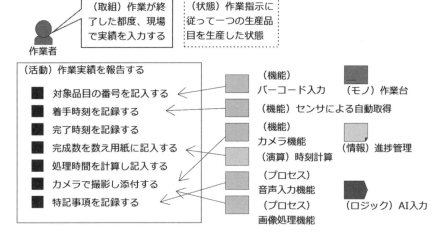

図7-5　割り振りチャートの記述例

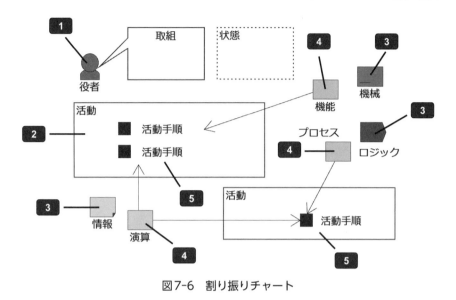

図7-6　割り振りチャート

における作業標準を作成する場合にも利用可能である。

　割り振りチャートでは、**表7-3**に示す手順により主に活動および活動手順が定義される。また、モノや情報、ロジックがそれに付随して定義される。

表7-3　活動と活動手順を定義するプロセス

手順	説明
1	対象とする役者を選定し、必要に応じて関連する業務を追記する
2	役者の活動を設定し、さらにその活動の詳細な内容として活動手順を定義する
3	活動に関与する可能性のあるモノ、情報、そしてロジックを挙げる
4	必要に応じて、プロセス、機能、または演算を定義し、活動手順と関係づける
5	類似した他の活動の活動手順を調べ、共通部分がある場合は内容をそろえる

7-4 データ構成チャート

モノや情報の内容と関係づけて、データの内容や構造を議論する

　業務の担当者は、目で見える情報の意味は理解しているが、その背後にあるデータの構成まで意識しない場合が多い。通常はデータの構成について知る必要はないが、特に管理者や経営者はデータ構成を知ることで、そこから新しい情報、価値ある情報を取り出すことができる。

　データ構成チャートは、企業や組織がどのようなデータを保持しているかを示し、データ項目や項目の参照関係、そしてデータを他のデータに転記される関係などを明らかにする（**図7-7、7-8**）。また、情報項目やモノ項目との関係を示すことで、ものづくりの現場におけるデータの起点と終点を確認することができる。このチャートは、データの構成を新たに設計する場合や、データ項目を新たに追加したり修正したりする場合にも利用する。

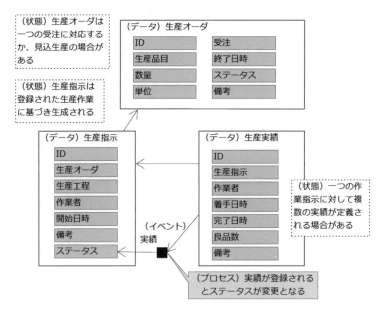

図7-7　データ構成チャートの記述例

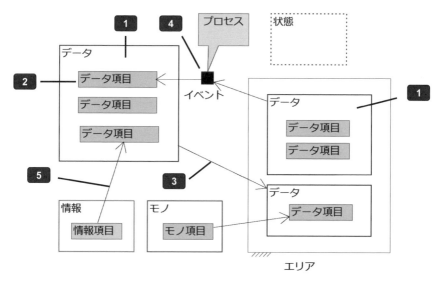

図7-8 データ構成チャート

　データ構成チャートでは、**表7-4**に示す手順により主にデータとデータ項目が定義される。また、イベントおよびプロセスが付随して定義される。

表7-4　データとデータ項目を定義する手順

手順	説明
1	対象とするデータを定義し、それに関連しているデータも併せて定義する
2	それぞれのデータについて、その内容としてデータ項目を設定する
3	データの親子関係やデータが他のデータを参照する場合、矢印でつなげる
4	データの内容が他のデータに転記される場合は、イベントとプロセスによってつなげる
5	データ項目が、情報項目やモノ項目に対応する場合はつなげる

IoTはモノとコトのインターネット

　IoTは、インターネット・オブ・シングス（Internet of Things）の略称である。これはモノのインターネットと訳される。そして「すべてのモノがネットワークにつながること」という説明が加えられる場合も多い。しかし、ここでThingsが"モノ"と訳されることについて、違和感を持っているのは筆者だけだろうか。

　辞書によれば、Thingsは、（ひらがなの）もの、あるいは物事を指すとある。カタカナのモノは、物理的に形のあるものを指している場合が多いのに対して、ひらがなの場合は無形のものや、まさにいろいろな"もの"を指す。つまり、IoTは英語を母国語とする人々にとって、身の回りのさまざまな"モノ"のみではなく、いろいろな"コト"も含めてインターネットにつながる世界だと認識している可能性がある。

　モノがつながっても、「それがどうした!?」という反応を示す人は多いだろう。しかしコト、つまり人々の行為やさまざまな出来事が相互につながるということは、これはとてつもなく大きなインパクトがある。

　通常、何かコトが起これば、その内容を関係者に伝達し、そこで意思決定し、その内容に応じて必要なコトを実施する。IoTはコトとコトとを直接つなぐ。AIなどのロジックを介することはあるだろうが、人がその間に介在することは必須ではなく、むしろ非効率に映る。恐ろしい世界でもある。IoTというキーワードが世間に広まり始めた2015年に、筆者は日本経済新聞の経済教室にてこの点を指摘した。しかし、現時点でもなお、IoTはモノの世界の話であり、人々の生活を根底から変える技術であるとは映っていない。Thingsの日本語訳のせいで、日本のデジタル化が10年遅れることにならないよう願いたい。

第 **8** 章

システムの実装の道具

　情報システムやソフトウェアを設計するための道具として、UMLがある。ITエンジニアにとって、UMLはシステムの設計や実装において活用されているが、ものづくりの現場担当者が気軽に使える道具とは言えない。現場の業務知識を持つ担当者が、個別のプログラミングやソフトウェアに依存せず、ITに関する最低限の知識のみを用いてシステムの機能や構造が表現でき、その内容を共有することができれば、ものづくりの現場が主体となったシステム開発が可能となる。本章では、こうした目的を実現するための四つのチャートを紹介する。

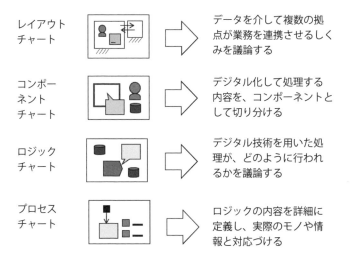

レイアウト
チャート　　　　　　　　　　　　データを介して複数の拠点が業務を連携させるしくみを議論する

コンポー
ネント
チャート　　　　　　　　　　　　デジタル化して処理する内容を、コンポーネントとして切り分ける

ロジック
チャート　　　　　　　　　　　　デジタル技術を用いた処理が、どのように行われるかを議論する

プロセス
チャート　　　　　　　　　　　　ロジックの内容を詳細に定義し、実際のモノや情報と対応づける

8-1 レイアウトチャート

データを介して複数の拠点が業務を連携させるしくみを議論する

　レイアウトチャートは、複数のエリアに分かれて存在している組織が相互に連携して業務を行う場合に、モノ、情報、役者、そしてデータをどのように配置し、運用するかを検討するためのチャートである（図8-1、8-2）。工場の中でも複数のエリアで構成されている場合に、どのエリアにどの設備や担当者が配置されているかを知ることができる。

　また、このチャートは異なるエリア間で、モノ、情報、データが移動する状況を示す。理論上は瞬時に移動可能なデータも、セキュリティ上の理由や信頼性、効率性の観点から、複数のエリアに分散して配置したり、特定の場所に集約したりする場合がある。コンポーネントを介して、データがエリア間で移動する場合の起点と終点の検討や実際の管理にも利用する。

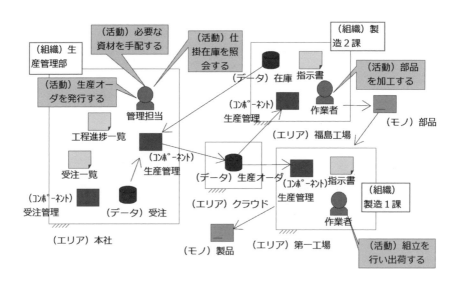

図8-1　レイアウトチャートの記述例

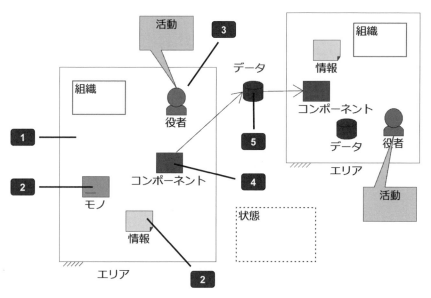

図8-2　レイアウトチャート

　レイアウトチャートでは、**表8-1**に示す手順により主にエリアとコンポーネント、そしてデータが定義される。また、モノ、情報そして役者がそれに付随して定義される。

表8-1　エリア、コンポーネント、データを定義する手順

手順	説明
1	対象とするエリアを列挙する。エリアを管理する組織がある場合は併記する
2	管理上重要なモノや情報とそれらが所属するエリア内に設定する
3	それぞれのエリアに役者を配置し、関連する活動を定義する
4	コンポーネントをエリアに配置する。同じコンポーネントが複数のエリアにある場合は複製する
5	コンポーネント間でデータの送受信がある場合は設定する。同じデータを保持し、管理するエリア内にも設定する

コンポーネントチャート

デジタル化して処理する内容を、コンポーネントとして
切り分ける

コンポーネントチャートは、デジタル設計に関する定義要素を用いて、特定の課題や取組に対応した解決手段を提供するためのチャートである（図8-3、8-4）。ただし、ここでは、デジタル技術の詳細な構造には立ち入らず、データやロジックによって何ができるのかを業務担当者や管理者に示すことがチャートの目的となる。

このチャートは、工場など利用する側の立場に立って、コンポーネントが対象とする目標、取組、課題、そして機能などを一般化し、提供可能な実現手段としてまとめた内容となる。実際に問題解決に取り組む製造業からは、利用したいデジタル技術に関する内容を、その特徴や内容を利用者側の視点でまとめ対応づけることで、情報システムを構築する際にロジックやプロセスの詳細を確認することなく、コンポーネントを選定することが可能となる。

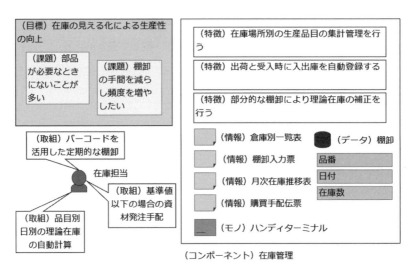

図8-3　コンポーネントチャートの記述例

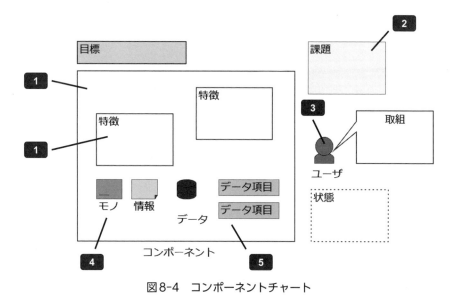

図8-4　コンポーネントチャート

　コンポーネントチャートでは、**表8-2**に示す手順により主にコンポーネントと特徴が定義される。また、データ、およびユーザとなる役者がそれに付随して定義される。

表8-2　コンポーネントと特徴を定義する手順

手順	説明
1	コンポーネントを設定し、それが持つロジックを特徴として定義する
2	コンポーネントの目標および解決する課題を列挙する
3	コンポーネントを操作するユーザとなる役者と、対象とする取組を示す
4	コンポーネントが提供する情報（画面、帳票）、モノ（ハードウェア）を定義する
5	コンポーネントと外部とのインタフェースとなるデータ、およびデータ項目を示す

8-3 ロジックチャート

デジタル技術を用いた処理が、どのように行われるかを
議論する

　ロジックチャートは、デジタル技術を活用しコンピュータで構成されるネットワーク上で、データがどのようなロジックによって生成され処理されるかを示すためのチャートである（図8-5、8-6）。本チャートでは、モノから取得したデータや情報として入力されたデータが、デジタル空間上にあるロジックの中でさまざまなプロセスを経て処理され、別のデータとしてモノや情報に出力されリアルな世界へ戻されるまでの流れを示す。

　またロジックチャートは、ITの専門家でなくても、デジタル技術によってデータがどのようにして処理されているかの概要を認識できるように、ロジックの内容を構成するプロセスや時間的なタイミングを既定するイベントなどの定義を示す。これにより、デジタル空間上でデータがどのような流れで処理されるかを、より多くの関係者で共有することができるようになる。

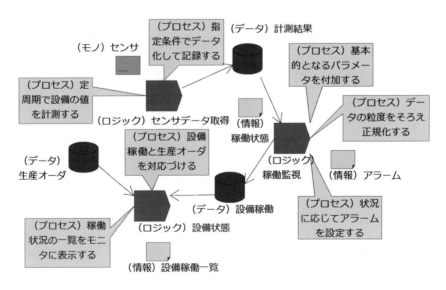

図8-5　ロジックチャートの記述例

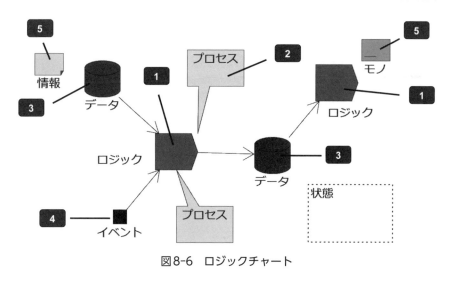

図8-6　ロジックチャート

　ロジックチャートでは、**表8-3**に示す手順により主にロジック、プロセス、そしてデータが定義される。

表8-3　ロジック、プロセス、データを定義する手順

手順	説明
1	対象とするロジック、およびそれと密接に関係するロジックを列挙する
2	それぞれのロジックが持つプロセスを定義する
3	ロジックのインプットおよびアウトプットとなるデータを定義し、矢印でつなげる
4	ロジックを起動する（トリガとなる）イベント、あるいはロジックによって発生するイベントを定義する
5	情報やモノがロジックあるいはデータに関与する場合は併記する

プロセスチャート

ロジックの内容を詳細に定義し、実際のモノや情報と
対応づける

　プロセスチャートは、デジタル上での処理内容を表現するために定義された
ロジックに関して、さらに詳細化し、そこでどのような処理が行われるかを手
順を追って示すためのチャートである（**図8-7、8-8**）。ここでは定義要素とし
て、プロセスおよびプロセス手順としてその内容が記述される。

　ここでプロセスおよびプロセス手順として定義される内容は、一般的なシス
テム開発においてプログラミングを行うレベルの一階層上位のレベルに位置づ
けられる。インターネット上のWebアプリケーションで言うと、マイクロ
サービスに相当する内容に近い。ただし、このチャートはあくまで説明、共有
のための道具であり、開発仕様書としての精度は要求されない。

　なお、ここで定義するプロセスはロジック内部のプロセスのみでなく、機械
における内部の機能として、あるいは情報における個々の演算としてのプロセ
スも同時に扱う。

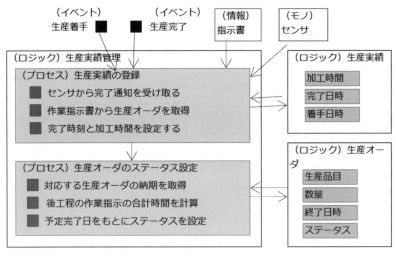

図8-7　プロセスチャートの記述例

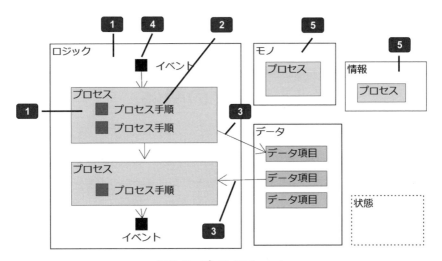

図8-8　プロセスチャート

　プロセスチャートでは、**表8-4**に示す手順により主にプロセスとプロセス手順が定義される。また、イベント、データがそれに付随して定義される。

表8-4　プロセスとプロセス手順を定義する進め方

手順	説明
1	特定のロジックを取り上げ、それを構成するプロセスを列挙し、前後関係がある場合は矢印でつなげる
2	それぞれのプロセスについて、プロセス手順によってその詳細を示す
3	プロセスを実施する上で、対象となるデータおよびデータ項目を定義しつなげる
4	プロセスが起動または終了するタイミングを示すイベントを追加し、矢印でつなげる
5	必要に応じてモノや情報の内部にもプロセスを定義し、同様にして詳細化する

ITとバグの関係

　製造業に従事している管理職であれば、PL法（製造物責任法）について知らない人はいないだろう。PL法は、製造物の欠陥により人の生命または財産に係る被害が生じた場合における、製造業者等の損害賠償の責任について定めた法律である。要するに、製造業は、製品として提供したモノに対する責任を負うという当たり前の内容が定められている。

　しかし、この当たり前の内容は、ITの世界では当たり前ではない。ソフトウェアとして提供した製品は、その内容に欠陥があっても、そのソフトウェアを製造した企業は契約内容次第で責任を追及されない。そして、多くの契約ではその責任を限定的とし、ソフトウェアの欠陥に対する責務を負わない。「バグはないように最善の努力はしますが、完全にはなくなりません。その前提で買ってください」というのがソフトウェア製品の常識なのである。

　リコールによる製品の無償回収でそれまでの利益が吹き飛ぶ製造業にとって、このような世界は何とも身勝手な世界に映るが、これにはソフトウェア特有の理由がある。すなわちソフトウェアの場合は、その動作環境がそれぞれの現場固有の状況やその後のバージョンアップなどに強く依存するため、出荷前のテストが十分であったとしても何の保証にもならないのである。

　したがって、ソフトウェアは手間がかかり面倒であるということをまず認めた上で、バグの存在を含めて細かな不具合には目をつむり、必要最低限のことができれば十分というおおらかな気持ちで、ソフトウェアと接することが肝要だと言える。

第**9**章

生産管理の取り組み例

　ものづくりの現場は常に動いている。多くの中小製造業の現場では、特定の品種を大量生産する例は減り、多品種少量生産あるいは個別受注生産となっている場合が多い。そうした現場では、得意先の仕様に合わせて材料や仕掛品が工場内を移動するとともに、図面や指示書などの情報も動き回る。結果として、何かどこでどうなっているのか、現場の管理者でもよくわからないという状況が多いのではないか。

　仕様変更や納期変更、特急オーダなどの得意先からの要望に加え、設備のトラブルや作業不良のリカバリ対応などは、多くのものづくり現場に共通する課題である。現場の見える化、しくみ化、そしてスマート化を進めることが、こうした課題の解決につながると期待される。

　IVI製作所（仮称）の"まるごと工場"では、生産管理に関係するメンバーが集まり、スマートシンキングを適用したものづくり改革をスタートさせた。本章では、そこでの取組を通して、スマートシンキングの適応のための具体例を示す。

9-1 個別受注型の生産管理の困りごと

　生産管理の担当者にとって、日々の業務はさまざまな事実や課題への対応の繰り返しである。しかし、それらの事実や課題は、当事者でないとなかなか理解できない場合が多い。また、当事者にとって当たり前の事実や課題であっても、外部からは意外に思える場合もある。

　そこで、まずは生産管理に関して注目すべき事実や課題を困りごとチャートとして列挙し、関係者の間で共有することにする。図9-1、9-2は、そこで作成された困りごとチャートの一部である。

　最初は思い思いに挙げていった事実や課題は、図にあるように「得意先対応、納期調整」「個別仕様への対応」「進捗の見える化」「生産管理方式」「実績入力」「作業者、スキル管理」、そして「取引先との連携」といった指標によって整理することができた。

　たとえば、「得意先からの納期照会に対応して都度現場の担当者に聞いている」という事実は、「得意先からの納期問い合せで、いつできるかわからず即答できない」という課題として解釈されている。ここでは、詳細で正確な事実や、誰もが認める課題である必要はなく、このような課題があり、日々の困りごとはだいたいこれらでカバーされている、と言えればよい。

　困りごとチャートで挙げられた課題は、担当者にとっての課題であることは間違いないのだが、なぜその課題が挙げられたのか、その背後にはさらなる事情、さらなる課題が存在する場合がある。たとえば、図9-1において、「得意先からの納期問い合せで、いつできるかわからず即答できない」という課題は、なぜ即答できないのだろうか。

　そこでなぜなぜチャートを用いて、その背後にありそうな別の課題を掘り出してみる。図9-3は、この課題が「販売可能、利用可能な在庫の数がわからない」「受注ごとに、生産オーダのどの工程まで完成しているかが見えない」の二つの課題を原因としていることを示している。

　これらの二つの課題は、すでに困りごとチャートでも取り上げられたものである。このように、スマートシンキングでは、定義要素が複数のチャートをつ

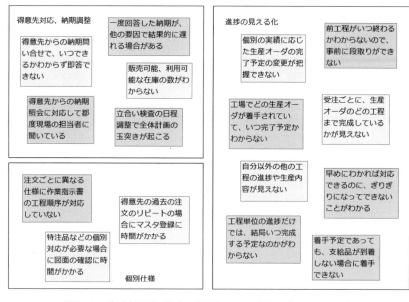

図9-1　生産管理に関する課題その1（困りごとチャート）

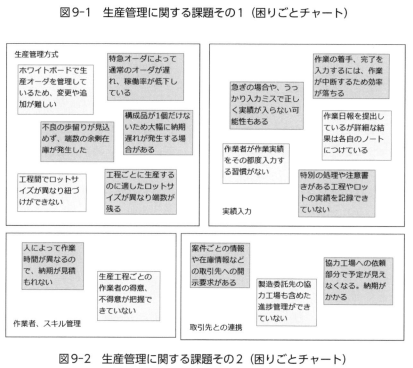

図9-2　生産管理に関する課題その2（困りごとチャート）

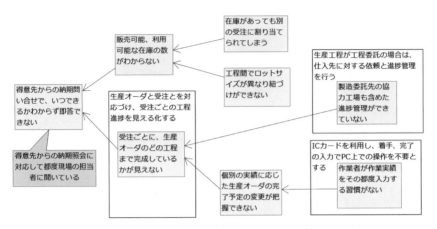

図9-3　見える化できない原因の追究（なぜなぜチャート）

なぐ形で設定され共有される。ここでは、すでに定義された課題を因果関係で
つなぐことでより問題の構造が整理される。

　また図9-3で、そのさらなる原因として示された「在庫があっても別の受注
に割り当てられてしまう」は、新たに課題として挙げられたものである。こう
して、なぜなぜチャートでは課題の背後にある課題を浮き彫りにしていき、最
終的に解決策となる取組が割り当てられる。

　なぜなぜチャートの重要な役割は、それぞれの課題を解決するための取組を
明らかにすることである。図9-3では、「生産工程が工程委託の場合は、仕入
先に対する依頼と進捗管理を行う」「ICカードを利用し、着手、完了の入力で
PC上での操作を不要とする」そして「生産オーダと受注とを対応づけ、受注
ごとの工程進捗を見える化する」といった取組が挙げられた。

　スマートシンキングでは、こうして挙げられた取組を、メンバーが所属する
組織が主体となって実施していくことになるが、それは言うほど簡単なことで
はない。そこで、いつどこチャートを用いて、問題解決のためのさまざまな取
組を、まずは目的と手段の関係でより実現可能な形に落とし込む。

　たとえば、「ICカードを利用し、着手、完了の入力でPC上での操作を不要
とする」ためには、どうすればよいのか。いつどこチャートでは、担当者が新
たな取組として何をすればよいかが理解できるレベルまで展開する。なお、い
つどこチャートの例は、次節以降においてそれぞれのステージにおける取組の

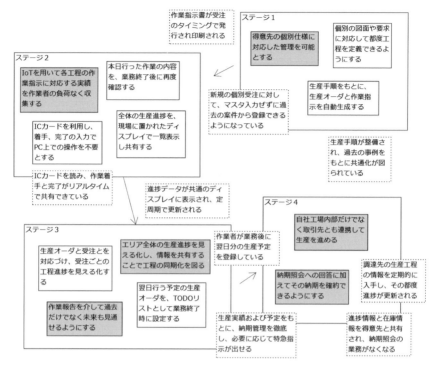

図9-4　生産管理の変革へ向けたステージ（目標計画チャート）

中で説明する。

　こうして、最初に挙げた困りごとに対して、それらを解決するために必要な取組が列挙された。なぜなぜチャートといつどこチャートの中で、課題をどこまで拾い上げるかにもよるが、おそらく相当の数の取組が挙げられていることだろう。

　目標計画チャートでは、それらの取組を、対象とする課題の優先度や因果関係などをもとにグループ化し、組織全体あるいは会社として目指す目標を定義する。そして、それらの目標を一気に達成するのではなく、いくつかのステージを設定することで段階ごとに実施していく。

　図9-4は、目標計画チャートによってまるごと工場の生産管理の変革に向けた取り組みを四つのステージに分け、それぞれのステージの目標および主要な取組を示したものである。図9-4では目標が達成され、一つのステージから次

のステージに移行するための条件となる状況もあわせて示されている。

　ここでステージ間に定義する状態という定義要素は、一方のステージの完了条件であり、他方のステージの前提条件となる。実際にプロジェクトとして変革を実施していく中で、ステージを移行するためのチェック項目として活用することになる。

　以下の節では、まずステージ1に対応して"個別仕様への対応をシステムに組み込み"、ステージ2に対応して"ICカードを用いた作業実績の自動取得"、そしてステージ3に対応して"TODOリストによる現場の見せる化"のための試みを、スマートシンキングの手法に沿って解説する。

9-2 個別仕様への対応をシステムに組み込む

　ステージ1で取り上げる課題は、個別受注生産における得意先の個別仕様への対応である。IVI製作所では、カタログ上の製品は持たず、常に得意先の図面や仕様に合わせて生産する。したがって、新規注文のたびに生産工程や作業手順が異なる。過去の注文のリピート品も多いが、部分的な変更などを加味すると完全なリピート品は少ない。

　したがって、ステージ1として取り組むべき内容として、**図9-5**のいつどこチャートでは、「個別の図面や要求に対応して都度工程を定義できるようにする」「工程順序をもとに、生産オーダと作業指示を自動生成する」が取り上げられている。

　そして、これを実現するための手段として、「工程順序を登録しなくても生産オーダの発行を可能とする」「新規品の場合、類似する過去の生産品目から工程順序を複製する」、そして「過去の類似オーダを活用し、できるだけ工程順序を共通化する」ことが、ステージ1において取り組む内容となる。

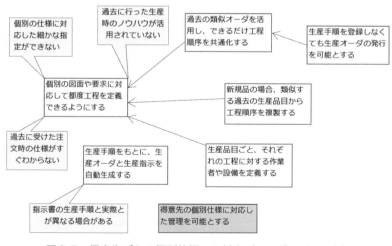

図9-5　得意先ごとの個別仕様への対応（いつどこチャート）

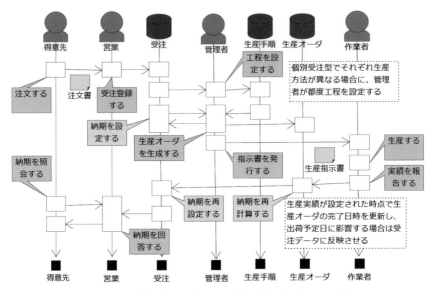

図9-6　営業担当と現場との連携（待ち合せチャート）

　まずは、一般的な業務フローを確認する。**図9-6**は、得意先からの注文が、どのようにして最終的に現場の作業者の指示として伝わるかを、待ち合せチャートを用いて模式的に示したものである。得意先から受け取った注文書に対応して、営業が対応し、工場サイドの管理者が生産手順を決定するとともに生産オーダを発行し、生産指示書の形で作業者に対して手配する。

　また、この方向とは逆向きに、現場から得られた生産実績や作業日報は管理者や営業担当を経て、納期回答や納期照会の中で利用される。

　図9-6からもわかるとおり、この業務フローの一部は、販売管理システムや生産管理システムなどの業務アプリが持つ「受注」「生産オーダ」というデータを介してつないでいる。データ化され、システム内部に登録されたとしても、こうして待ち合せチャートによってデータを介した活動のフローが確認できる。

　図9-6のしくみをAS-ISモデル、つまり現状のしくみだとすると、ステージ1での目標となるTO-BEモデル、つまりあるべき姿は受注のたびに毎回、生産工程の順序を登録しなくても、過去の類似した生産オーダを複製することで、新たな受注に対応する生産オーダの発行を可能とすることである。そして

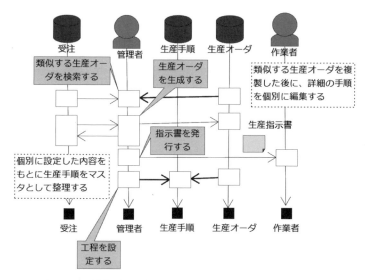

受注　　管理者　　生産手順　　生産オーダ　　作業者

類似する生産オー
ダを検索する

生産オーダ
を生成する

類似する生産オーダを複
製した後に、詳細の手順
を個別に編集する

生産指示書

指示書を発
行する

個別に設定した内容を
もとに生産手順をマス
タとして整理する

受注　　　管理者　　生産手順　　生産オーダ　　作業者

工程を設
定する

図9-7　工程順序の登録フローの比較（待ち合せチャート）

　同時に、生産手順や生産工程はこうした個別の仕様を含む形で常に見直し、標
準化、共通化を進めたい。
　生産オーダの設定において、あらかじめ生産手順をマスターとして登録した
後に行う場合と、**図9-7**のように過去の生産オーダを複製して行う場合がある。実際に生産オーダを登録する場面では、その都度マスターを登録してから
行うより、複製したほうが手間がかからない。その時々で要求される仕様や過
去の案件との類似度に応じて、マスターを参照する場合と過去の個別事例を
ベースとする場合の二つのパターンがあってもよいだろう。
　このような要求を満たすよう設計された操作画面が、**図9-8**の生産オーダ登
録画面の見える化チャートとなる。また、対応する実際の業務システムとし
て、生産オーダ登録用の業務アプリとそれによって印刷された作業指示書のサ
ンプルを**図9-9**に示す。
　生産オーダは、定義された生産手順に従って、それぞれの生産工程に対応し
た生産指示によって構成されている。**図9-10**ではよく利用する生産手順を登
録または修正する方法、生産手順に従って生産オーダを生成する方法、過去の
生産オーダから複製し新たな生産オーダとする方法、そして共通的な生産オー
ダの生産手順を抽出する方法などが割り振りチャートとして示されている。

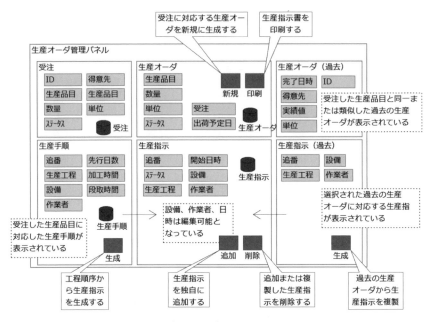

図9-8 生産オーダ管理アプリ画面（見える化チャート）

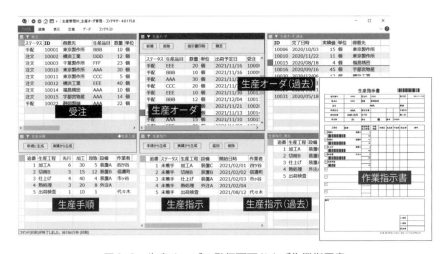

図9-9 生産オーダの発行画面および作業指示書

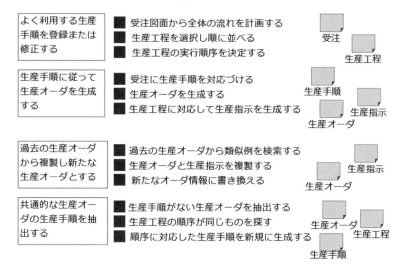

図9-10　個別受注における生産オーダ登録（割り振りチャート）

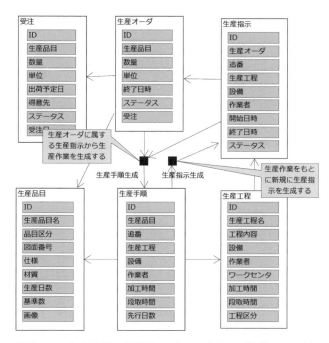

図9-11　生産管理で利用するデータ（データ構成チャート）

また、対応するデータ構成モデルを**図9-11**に示す。情報としての生産工程、生産手順、あるいは生産オーダ、生産指示などはそれぞれ対応するデータが定義される。図9-11では、データ間が連結により参照関係ができているものや、イベントおよびプロセスによってデータ項目が転記されるしくみも示している。

9-3 ICカードを用いた作業実績の 自動取得

　生産管理における困りごとの筆頭としていつも挙げられるのは、現場の見える化である。特に個別受注生産のように、多品種で変量かつ特急オーダや設備のトラブルなどが重なると、今どこで何を生産しているのかが現場にいても見えないという状況が起こる。当初の計画どおりに生産を実施するのが難しいのなら、せめていつどこで、何をどれだけ生産したのかという生産の状況を、タイムリーかつ確実に把握したい。

　生産ラインの自動化が進んでいる工場では、生産設備から実績を収集することが比較的容易であるが、設備を作業者が直接操作するような工場では、作業実績は生産指示書への書き込みや作業日報の提出など、作業者からの報告に頼らざるを得ない場合が多い。こうした従来の方法ではどうしても実績の把握が翌日以降となり、タイムリーな対応をとることができない。

　生産管理に関する変革のステージ2では、こうした課題を解決するため生産に関する実績を、IoTを用いてできるだけ自動で取得することを可能とする。**図9-12**は、ステージ2における目標と取組の展開を示すいつどこチャートである。このチャートでは、すでに明らかとなった課題に対応して、取り組むべき内容として「ICカードを利用し、着手、完了の入力でPC上での操作を不要とする」「生産オーダと受注とを対応づけ、受注ごとの工程進捗を見える化する」を挙げ、さらにそのための手段を具体化している。

　そして、こうした取組を実現することで、「IoTを用いて各工程の作業指示に対応する実績を作業者の負荷なく収集する」こと、「エリア全体の生産進捗を見える化し、情報を共有することで工程の同期化を図る」ことがここでの目標となる。

　本節では特に、ICカードを用いた生産実績の自動取得について解説する。これは、図9-12において「PCがない現場でもラズパイでデータ収集を行う」「作業指示書にICカードを設定し番号を割り当てる」の部分を具体化するものである。そして、その上で「全体の生産進捗を、現場に置かれたディスプレイで一覧表示し共有する」もあわせて実現することにする。

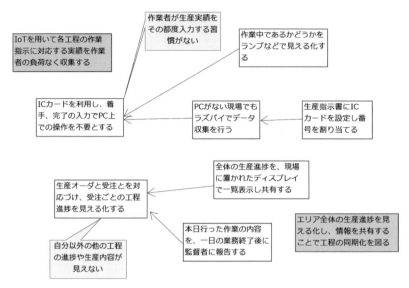

図9-12　生産管理ステージ2の取組（いつどこチャート）

　まず実際に、ICカードを用いて生産実績を自動取得している状況とはどのような状況かという認識を共有するために、やりとりチャートを用いて表現する。図9-13は、実績の取得から共有までの流れを示している。ここで登場する役者は、実際に実績をICカードを用いて登録する作業者と、その作業者の次工程作業者で、見える化された生産実績を見ることで段取りを開始することができる作業者も定義している。

　それでは、図9-13に沿って実績登録の流れを見ていこう。まず作業者は、①作業する生産ロットを生産指示書とともに自分のワークセンタへ移動する。そして、②生産指示書をICカードリーダ上に置き、生産に着手する。これによりカードリーダは、③ICカードから生産オーダIDを読み取り、④読み取った内容をサーバへ転送する。これで実績登録は完了である。その結果、生産指示に対応する生産実績として着手時刻と完了時刻が報告された。作業者にとっては通常の加工作業と変わらず、おそらくこの時点で、実績を登録したという実感はないだろう。

　実績データを受け取ったサーバ側では、まずICカードをカードリーダに乗せた時点で、⑤該当する生産オーダの作業ステータスが着手に変わる。そし

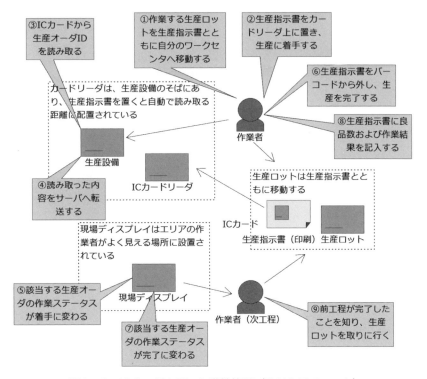

図9-13 ICカードを用いた進捗管理（やりとりチャート）

て、⑥生産指示書をバーコードから外し、生産を完了することにより、⑦該当する生産オーダの作業ステータスが完了に変わる。作業者は、⑧生産指示書に良品数および作業結果を手書きで記入することで、実績の登録は完了である。記入した数字は、この時点ではデータとして登録されない。しかし、その作業が完了したことはリアルタイムで現場のディスプレイに表示されるため、次工程の作業者は⑨前工程が完了したことを知り、生産ロットを取りに行く。

　実際の生産指示書およびICカードリーダを**写真9-1**に示す。ICカードは写真9-1のように、作業指示書のクリアファイルに合わせて挟む方法もあるが、シール形式のタグの場合はクリアファイルに貼っておくこともできる。作業指示書を置く位置とカードリーダの位置がずれている場合、正常にカードを読めないことがあるため、作業中の作業指示書の置き場所などについては工夫が必要となる。また、ビープ音で確認するか、LEDなどで作業中のモードとなっ

写真9-1　ICカードリーダの適用

ているかが確認できるとなおよいだろう。

　ラズパイを用いて、カードリーダから作業の着手時刻、完了時刻を読み取り
サーバへ送信するためには、ロジック側の対応も必要となる。図9-14、9-15
は、それぞれICカードリーダを用いた生産実績の収集ロジックと、カード
リーダの状態遷移を示したものである。

　ICカードリーダは、設備あるいはワークセンタごとに設置され、そこで生
産指示書とともにICカードが置かれ（touched）、その後に外され（released）
される。ICカードにはあらかじめ生産オーダに対応するIDが割り当てられて
いるため、カードが置かれた時点で対応する生産オーダのステータスを着手と
し、外された時点で完了とする。

　ここでのポイントとなるICカードの側に着目し、その状態遷移を見ると図
9-15のようになる。ICカードには固有のIDが設定されており、事前に生産
オーダのIDを割り当てておく。そして、その生産オーダが完了したら、IC
カードのIDと生産オーダのIDとの対応関係は解除される。こうした対応関係
をICカードに直接書き込むのではなく、ロジック上で行うことで、有限の数
のICカードを用いてそれ以上の数の生産オーダを識別することが可能となる。

　こうして、それぞれの設備、あるいはワークセンタから得られた生産実績

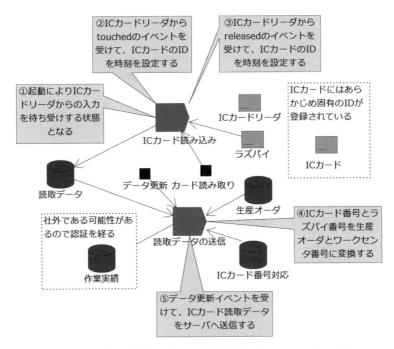

図9-14 ICカードリーダによる実績収集（ロジックチャート）

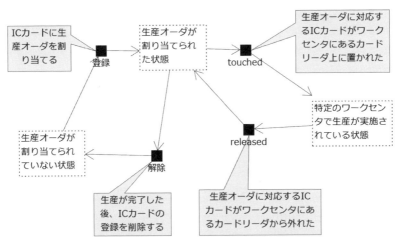

図9-15 ICカードのステータスの遷移（状態遷移チャート）

は、エリアや設備単位、あるいは生産オーダや受注単位に並べられ表示される。表示の方法や表示範囲、並び順などは、その情報を見る側の目的や状況によってさまざまであり、必要に応じて表示したい方法を見たい人が画面上で指定することもあるだろう。

　図9-16はそのような生産実績の見える化の形式を、見える化チャートとして表現した例である。これを実装した画面は、対象とする作業エリアの中で多くの作業者から見える場所に表示することを前提としており、大きなスクリーンで10秒程度の間隔で定期的に表示範囲や内容を切り替えると効果的である。

　図9-17は、対象となったエリアにおいて、それぞれのワークセンタの作業者から見える場所に設置されたスクリーンに表示されたアプリ画面である。これにより、それぞれのワークセンタが現在、どのような状況で何を生産しているのかを知ると同時に、エリア全体として本日行うべき生産オーダがどこまで完了していて、何がまだできていないのかをリアルタイムで確認できるようになる。

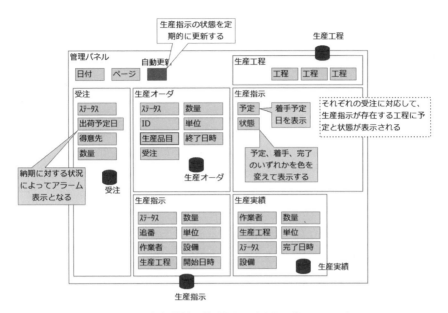

図9-16　生産進捗の管理画面（見える化チャート）

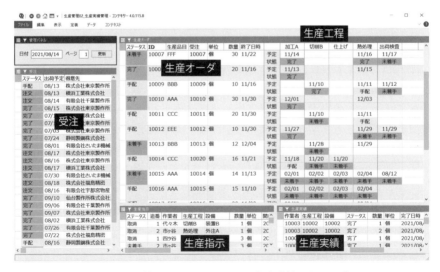

図9-17　共通スクリーンによる生産進捗の見える化

9-4 TODOリストによる現場の見せる化

　作業実績をできるだけ作業者の負荷なくデータ化することで、生産現場の"今"を見える化する方法を示した。時々刻々と変化する現場の状況を、作業者がその都度入力するのは非現実的であり、確実性や正確性に欠ける。したがって、IoTを用いて自動でデータを取得し、作業者の入力はそれを補完する形とするのが望ましい姿である。

　しかし、IoTでは決して得ることができない情報もある。それは、作業者あるいは管理者の頭の中にある意図、あるいは明日以降の予定や次の生産オーダを選択する際の意思決定の優先順位などである。したがって、こうした情報は、必要に応じて作業者本人に入力してもらう以外の方法はなく、そのための工夫が必要となる。

　ステージ3では、現場の作業者が自ら明日の作業のTODOリストを作成することで、現場の"見せる化"のしくみを構築する。**図9-18**にあるように、ここでの目標は「エリア全体の生産進捗を見える化し、情報を共有することで工程の同期化を図る」ことであり、「作業報告を介して過去だけでなく未来も見通せるようにする」ことである。

　TODOリストとは、今後やらなければならない作業のメモである。TODOリストを用いた見せる化のための具体的な方法や手段について、図9-18のいつどこチャートの内容を見てみよう。まず「翌日行う予定の生産オーダを、TODOリストとして業務終了時に設定する」ために必要な業務として、ここでは「担当する作業の前工程が完了しているかを画面で確認できること」、そして「加工時間の合計を計算し無理のない計画が作成できること」を挙げている。これらはこの後、見せる化のしくみを設計する上で重要な情報となる。

　TODOリストによって見せる化を行う状況について、業務のイメージを固め共有するために、**図9-19**のようにやりとりチャートを描いていく。作業者は、操業時間の終了後に以下の報告を行う。まず、①本日行った作業の生産ロットを選択し、所要時間を5分単位で設定する。②合計時間が操業時間と一致するように休憩時間などを設定する。③明日行う予定の生産ロットを選択

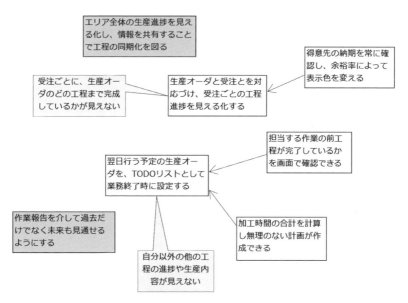

図9-18　生産管理の改革ステージ３（いつどこチャート）

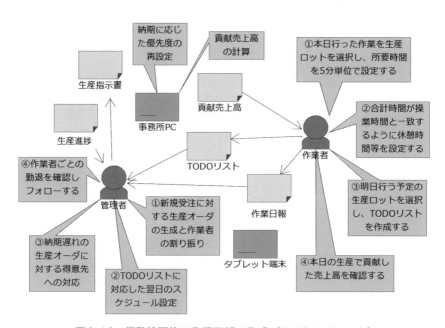

図9-19　業務終了後の作業日報の作成（やりとりチャート）

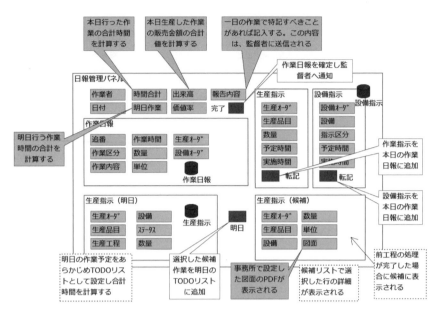

図9-20　作業実績と明日の予定（見える化チャート）

し、TODOリストを作成する。そして、④本日の生産で貢献した売上高を確認する。

　ここで貢献した売上高（貢献売上高）とは、その日にその作業者が行ったすべての生産を、工場として出荷する時点での売上高として集計したものである。実施した工程が、生産オーダの全工程の一部分であったとしても、ここでは売上額をそのまま計上する。したがって、管理会計上は含み値が合わない数字であるが、一つの工程でも品質不良があれば売上につながらないというメッセージも含んだもので、作業者のモチベーションの向上のために重要な指標となる。

　作業者は、このように一日の作業終了後に、事務所のPCまたはタブレットにおいて日報入力を行う。この作業をいかに短時間で効率よく、かつ関心を持って行うことができるかが重要である。貢献売上高は、データ入力を促すためにも効果的である。また、負荷なくストレスなく入力を行うためには、画面の設計と操作の流れも重要となる。図9-20に見える化チャートを用いて、本日分の生産実績の登録とTODOリストによる明日の見える化のための画面構

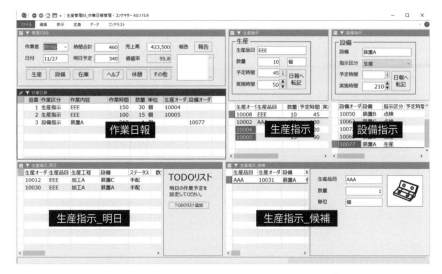

図9-21　生産現場の見せる化のための業務アプリ

成を示す。

　本日の個々の生産指示に対する生産実績については、すでにICカードにより実績データは登録されている。しかし、状況によってはデータが正常に取れていない場合もあるため、ここではその内容を確認し、必要に応じて修正する。ここでは5分単位で登録することで、自動計測された時間帯の前後で行った作業なども加味することが可能となる。トータルな操業時間の内訳として、休憩時間以外にも段取り、調整、カイゼン、清掃、他工程の応援など実作業以外に要した時間を示すことで、付加価値につながる実作業にかけた時間を正しく把握し、原価計算などに役立てる。

　TODOリストの作成に当たって、まずは作業者が担当する生産オーダの一覧をリストし、その中から着手可能な状態かどうか、納期に対する余裕があるか、といった点を加味して選択する。特に、管理者によって特急マークが付されている場合は、前工程がまだ完了していない場合でもリストに加えるべきだろう。そして、それ以外については、作業の効率や段取りのしやすさなど、対象となる工程特有の事情で作業者自身が選択し、順序を決定する。

　図9-21は、IVI製作所の現場で利用する業務アプリの画面である。作業者は

この画面上で作業実績の登録を行う。特に高齢の作業者にとって、入力作業が苦にならないようできるだけキーボード入力は避けるとともに、入力時の操作ミスや勘違いを避ける工夫が必要となる。そして入力作業に対するインセンティブとして、すべての入力が終了すると貢献売上高が表示される。この数字は個人の評価や管理上の指標としては利用せず、保存もされないが、一日の作業を完了した時点での一つの具体的な数字として、作業者の活力につながることが期待できる。

第 10 章

在庫管理の取り組み例

　規模や業種にかかわらず、あらゆる工場で在庫管理に関する問題は存在し、どこの現場でもなかなか解決が難しい課題の一つである。在庫管理の出発点は、いつ、どこに、何が、何個あるかを正確かつタイムリーに把握することであるが、この出発点であり、最終的な到達点でもあることが簡単ではないのだ。

　おそらく在庫管理をしていない会社はないだろう。ある程度の規模となれば、システム化しデータで管理している会社も多い。しかし、コンピュータに登録された在庫数は正しくないというのが、多くの現場担当者の共通認識となっている会社が少なくない。現場の現実を正しく把握することは難しく、それをデータ化することはさらに難しい。

　在庫管理の難しさの要因は、ものづくりの現場において在庫管理が他の多くの管理と連動しているためである。前章および次章で取り上げている生産管理や設備管理はもちろんのこと、受注管理や購買管理とも密接に関係している。在庫管理は、いわば中小製造業における管理技術の"へそ"である。

　本章では、再びIVI製作所の"まるごと工場"の例に戻り、中小製造業における在庫管理の変革の取り組みを題材として、スマートシンキングの適用について解説する。

10-1 簡単で確実でムリのない在庫管理

在庫管理は直接価値を生まない間接作業であり、工務課や生産管理課といっ
た間接部門が主に担当する。そうした部門がない会社では、在庫管理の影響ま
たは効果が大きい部門として、たとえば製品在庫は営業担当が、資材在庫は仕
入担当が管理している。**図10-1**は、IVI製作所の担当者が集まり、スマートシ
ンキングによって事実や課題をいくつかの指標に沿って分類し、整理した結果
として得られた困りごとチャートである。

「必要な材料が倉庫にあるか実際に行かないとわからない」「事務所PC上の
在庫数が実際の数値と異なり当てにならない」など、在庫の見える化に関する
事実や課題はIVI製作所に限らず、どこでもありそうな課題である。またこれ

図10-1　在庫管理に関する事実と課題（困りごとチャート）

以外にも、基本的な管理情報の整備に関するもの、記録と棚卸に関するもの、手配に関するものなど典型的なものが多い。

こうして挙げられた困りごとをさらに深掘りするために、**図10-2**のなぜなぜチャートで、重要となる課題についてその原因を議論した。ここでは「事務所PC上の在庫数が実際の数値と異なり当てにならない」という課題の原因を挙げ、さらにその原因を問うという形で"なぜ"を繰り返した。

たとえば、原因の原因として、「生産が忙しいときなどは出庫時の記録が後回しとなる場合がある」が挙げられているが、チャートではこの課題に対して、「出庫時に毎回ではなく、一定数を下回っている時だけ報告する」という実現可能な解決策を、取り組むべき内容の候補として示した。

このように、なぜなぜチャートを用いて解決すべき課題を取り上げ、それらを一つひとつ因果関係を紐解いて真の原因に至ったところで、その解決策となる取組を割り当てていく。図10-2では四つの取組が設定されているが、他の課題についてもこのようにして必要となる取組が挙げられた。

こうして挙げられた取組は、次節以降で示すいつどこチャートによって、さらにより具体的な取組へ展開されていくことになる。一方、そうして挙げられたさまざまな視点から得られた業務を、より全体思考でとらえ、必要に応じてそれぞれの目標を改めて定義し、優先度をつけ、そしてそれらを実際に行うための実行順序としてステージを設ける。

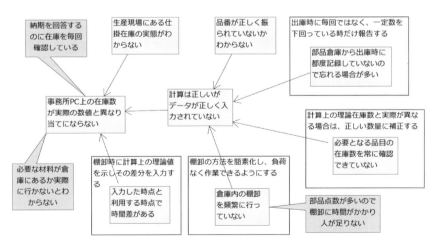

図10-2 在庫数が当てにならない理由（なぜなぜチャート）

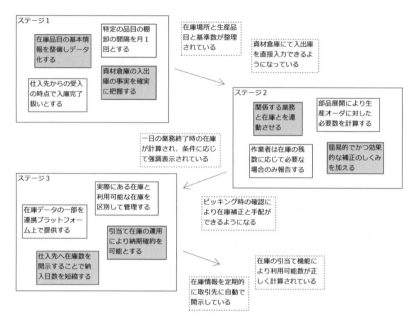

図10-3　在庫管理に関する改革の実施（目標計画チャート）

　図10-3は、在庫管理に関する変革全体の見取り図と言える目標計画チャートである。ここでは、全体を三つのステージに分け、それぞれのステージごとに目標およびそのステージの完了条件を示している。

　次節以降では、まず"入出庫の管理と棚卸の基本"の節でステージ1の課題を取り上げる。そして、続くステージ2は、"数えなくても欠品しない方法"について解説する。さらに、ステージ3で取り上げる課題については、"未来の在庫を見える化する"の節で取り上げる。

10-2 入出庫の管理と棚卸の基本

　ステージ1として、在庫管理に関する基本的な業務のしくみを総点検し、必要な情報や業務の流れについて整備する。まずは、いつどこチャートによって、これまでに挙げられた課題に対する対策の中から「品番と場所の組合せで在庫情報を管理する」「特定の品目の棚卸の間隔を月1回とする」を取り上げる。

　いつどこチャートでは、対策として取り上げたそれらの取組が、実際に実現可能な手段として存在するか、あるいはその手段を新たに構築することが可能かを議論する。たとえば図10-4では、「特定の品目の棚卸の間隔を月1回とする」という記述があるが、これだけでは、どうすれば、今までできなかった月1回の棚卸が可能になるのか、について記述が必要だろう。

　そこで、月1回の棚卸のための手段をさらに展開し、「計算上の理論値を示しその入力を簡易化する」「仕入先からの受入の時点で入庫完了扱いとする」「出庫時に品番と数量を入力できるようにする」といった取組が追加され、具

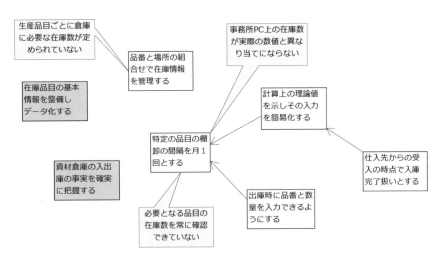

図10-4　在庫管理に関する基本情報の整備（いつどこチャート）

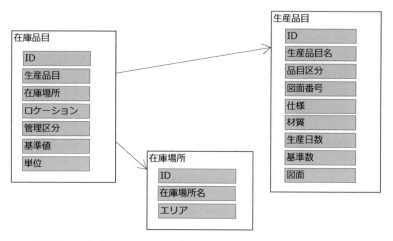

図10-5　在庫品目に関するデータの関係（データ構成チャート）

体化された。

　まず、最初の課題である「品番と場所の組合せで在庫情報を管理する」を実現するためには、情報の構造およびデータの構造について確認しておく必要がある。そこで、データに関する基本構造を理解するために、データ構成チャートを用いて在庫管理に関係するデータの構成を確認しておこう。

　図10-5は、生産品目というデータとは別に在庫品目というデータが定義され、さらに在庫場所というデータを追加したチャートとなっている。このチャートによって、同一の生産品目が、場所ごとに異なる在庫品目という複数のデータとして管理することができることを示している。この在庫品目は、流通業界におけるSKU（Stock Keeping Unit）に相当するものである。

　在庫品目に対応する在庫数は、対象となる生産品目の持ち込み（入庫）または持ち出し（出庫）に伴って日々変化する。この在庫数を知るためには毎回数えるか、あるいはある時点での在庫数を数え（棚卸）、さらにそれ以降の在庫の入庫、出庫の数を知ることにより、計算で求めることができる。

　在庫の棚卸は、企業として会計年度に対応して年1回は必ず行っているが、特に中小企業の場合、これを毎月行っている企業は少ないだろう。棚卸によるメリットと、その労力が見合わないのが原因である。そこでIVI製作所では、棚卸の対象は重点部品に限定し、さらに巡回型、すなわち月末にまとめて棚卸

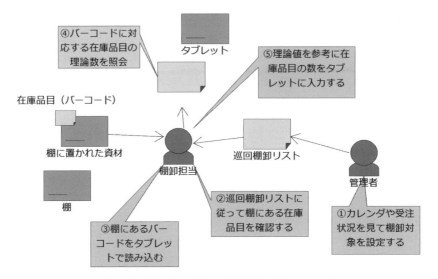

図10-6　巡回型の棚卸方法（やりとりチャート）

をするのではなく、棚卸対象となる在庫品目をグループ化し、週単位で対象グループのみを行う方式とした。

　在庫棚卸が実際の業務の中で、作業者の負担なく定着するためには、棚卸のための作業の流れが容易でわかりやすいものであることも重要である。そのためには**図10-6**に示すように、棚卸の担当者（棚卸担当）が棚卸の対象となる棚および在庫品目を効率よく確認し、バーコードを用いることでキー入力を極力減らし、さらに理論値を計算し提示することで数値入力の効率化やミスの防止を図る。

　図10-7に、倉庫内の資材置き場の構成をモノコトチャートで示す。また、**図10-8**に現在在庫の一覧画面、および棚卸作業を行う担当者が操作するタブレット上でのデータ入力画面を見える化チャートとして示す。

　在庫入力画面は、バーコードによる在庫品目の入力や「増やす」ボタンと「減らす」ボタンによる在庫数の設定など、在庫入力フォーム上での演算によって棚卸担当の入力の操作を支援する設計となっている。ここで定義した情報の構造は、タブレットやハンディターミナルなど、倉庫や在庫置き場などの現場で操作することが前提となっている。

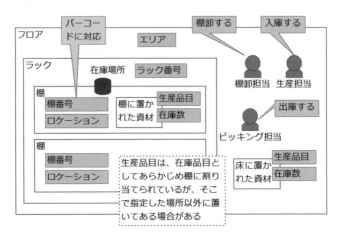

図10-7 在庫置き場（モノコトチャート）

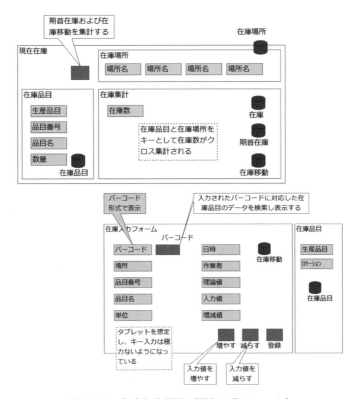

図10-8 在庫入力画面（見える化チャート）

　図10-9に、IVI製作所が利用することになった在庫棚卸のためのアプリ画面を示す。棚卸担当は、棚に設置された在庫場所に対応するバーコードを読み取り、該当する在庫品目の入力画面に遷移する。実際の在庫数は、理論値をもとに上下の▲▼ボタンを押下することで、1単位、10単位の増減が可能となっている。

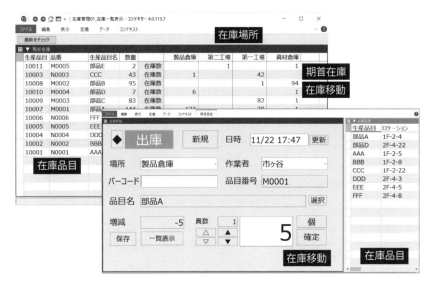

図10-9　在庫管理のアプリ画面

10-3 数えなくても欠品しない方法

　在庫管理の変革のために目標計画チャートで示したステージ2のゴールは、「簡易的で効果的な補正のしくみを加える」、そして「関係する業務と在庫とを連動させる」である。すでに、ステージ1において在庫棚卸のしくみはできた。しかし、実際にはさまざまな要因により、必要な在庫が必要なときに、必要な数だけ存在しない場合がある。特に資材在庫の欠品は、在庫品目によってはすぐには調達できない場合もあり、納期に大きく影響する。

　そこで、在庫管理における主たる目的を、在庫数を正確に提示することではなく、欠品を起こさないことに注力し、特に残数が少なくなっている在庫品目について、確実にその数量を把握できるしくみを検討することにする。

　図10-10では、いつどこチャートによって、「作業者は在庫の残数に応じて必要な場合のみ報告する」「生産時に、必要な構成品目を部品の在庫数から引く」という取組を行うための手段として新たな取組が示され展開されている。その過程の中で、「生産オーダに対応づけた出庫リストを作成し出庫指示する」が定義され、さらにその手段として「部品展開により生産オーダに対した必要数を計算する」という新たなアイデアが得られた。図10-10にあるように最後

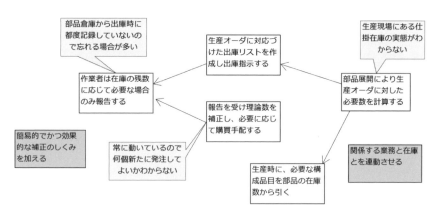

図10-10　簡易的で現実的な在庫管理の方法（いつどこチャート）

の取組は、同時に「生産時に、必要な構成品目を部品の在庫数から引く」ための手段にもなっている。

簡単で確実でムリのない在庫管理のためには、棚卸担当だけでなく、生産を行う作業者が、作業の開始時に材料を資材倉庫から取り出す時点で、必要に応じて在庫状況もあわせて報告することで実現する。現場の具体的な活動の流れを、**図10-11**のやりとりチャートによって確認しよう。

まず管理者は、①生産オーダに対応するピッキングリストを作成する。ピッキングリストは、生産オーダに対応する生産を実行するために必要な部品や資材が記されていると同時に、それらの在庫数の最小値が示されている。②このピッキングリストに従い、作業者は必要な資材や部品を倉庫から取り出す。③もし、対象品目が、ピッキングリストにある必要数よりも少ない場合はその数字を記入し、④ピッキングリストを事務所に戻す。

事務所側では、管理者がピッキングリストを受け取り、⑤対象製品の手配を実施し、⑥在庫場所の在庫品目の値を補正する。在庫品目には、あらかじめ基準値が設定されてあるが、これは仕入先ごとの調達リードタイムや需要動向により見直される。こうした一連の流れは、**図10-12**の待ち合せチャートによって時系列的に表現することで、さらなる議論が可能となる。

ピッキングリストは、タブレット上の画面として作業者に提示することも可

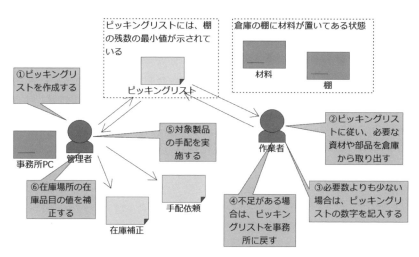

図10-11　ピッキングリストによる入出庫管理（やりとりチャート）

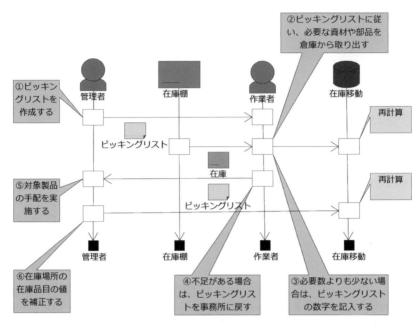

①ピッキングリストを作成する

②ピッキングリストに従い、必要な資材や部品を倉庫から取り出す

管理者　　在庫棚　　作業者　　在庫移動

ピッキングリスト

再計算

在庫

再計算

ピッキングリスト

⑤対象製品の手配を実施する

管理者　　在庫棚　　作業者　　在庫移動

⑥在庫場所の在庫品目の値を補正する

④不足がある場合は、ピッキングリストを事務所に戻す

③必要数よりも少ない場合は、ピッキングリストの数字を記入する

図10-12　在庫のピッキングの流れ（待ち合せチャート）

能である。タブレットの場合は、在庫情報を作業者が出庫の時点で入力することになるため、負担が大きい。したがって、ここでは紙の帳票として、生産指示書とともに提供する方法を採用することにしよう。

　ピッキングリストを作成するための管理者の管理画面を、見える化チャートによって**図10-13**に示す。帳票として印刷されるピッキングリストは、ここで定義される情報および情報項目をほぼ踏襲することになる（**図10-14**）。

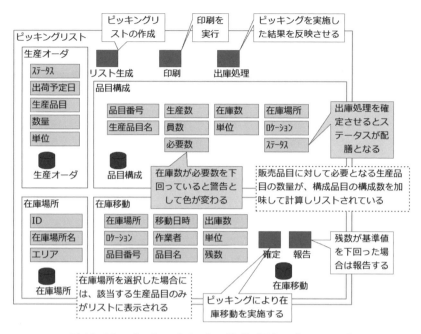

図10-13　ピッキングリストの構成（見える化チャート）

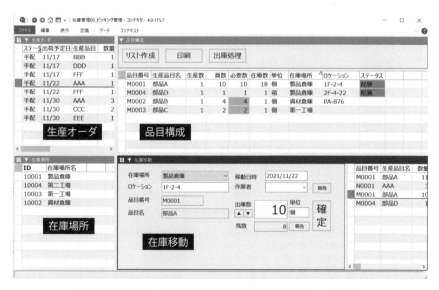

図10-14　ピッキングリスト管理画面とピッキングリスト

10-4 未来の在庫を見える化する

スマートシンキングにより在庫管理の業務を変革し、より付加価値の高い業務にする。そのためには、在庫管理により手待ちのムダや造りすぎのムダを排除するだけではなく、在庫管理に関連する活動の中から価値ある情報、すなわち得意先に対するサービス向上や売上増加につながる情報を得るしくみを検討する。

在庫管理のステージ3として、IVI製作所では、「実際にある在庫と利用可能な在庫を区別して管理する」「在庫データの一部を連携プラットフォーム上で提供する」といった取組を実現する。そしてそのために、**図10-15**に示すようなより具体的な取組を定義した。これによって、「引当在庫の運用により納期確約を可能」とし、「仕入先へ在庫数を開示することで納入LTを短縮」するという二つの目標を定義した。本節では、前者の納期確約のしくみにフォーカスし、未来の在庫を見える化して納期確約を可能とするしくみについて解説する。

在庫管理では、現在の在庫数をできるだけ正確に把握することとともに、明日またはそれ以降の在庫の状況を予測し、事前に的確なアクションを行うことが求められる。

未来の在庫数を知るための原理はとてもシンプルである。すでに、現在の在庫数を実際に棚卸によって数えた数ではなく、その数を起点としてそれ以降の入庫、出庫の実績から計算で求めた理論値とする方法は、ステージ1において実装された。したがって、本日以降の未来在庫を計算するには現時点までの入庫、出庫の実績に加えて、今後の入庫、出庫の予定を追加すればよい。

一般に、未来在庫を含めて重点的に管理すべき対象となる在庫は、個別受注生産の場合は資材在庫、見込生産の場合は製品在庫となる。そこでIVI製作所では、資材在庫について未来在庫の見える化のしくみを構築することとになった。

資材在庫の場合、入庫は仕入先に発注した購買品目の入荷が相当する。また、出庫は前節で示したピッキングリストによる出庫が相当し、それらは生産

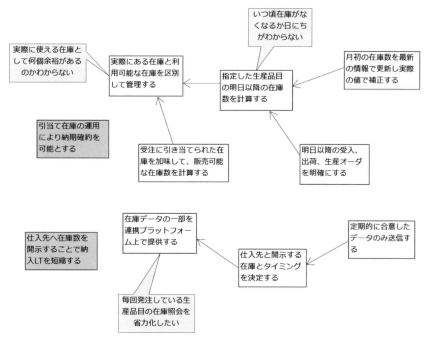

図10-15　未来の在庫量の見える化（いつどこチャート）

オーダと、必要な資材や部品の構成を示す品目構成をもとに生成される。**図10-16**に、現在月の月初から現在日を含む一連の在庫数を示す見える化チャートの例を示す。また、対応する在庫アプリの計画在庫画面を**図10-17**に示す。

　ここで、在庫数の値を、対象とする在庫品目における対象日の操業が終了した後の在庫の数とすると、

$$[在庫数] = [前日の在庫数] + [入庫数] - [出庫数]$$

によって計算される。この式は漸化式となっていて、前日の在庫数はさらにその前日の在庫数によって計算する。こうして、棚卸の値が確実に存在する当月の期首の在庫数にまでさかのぼる。

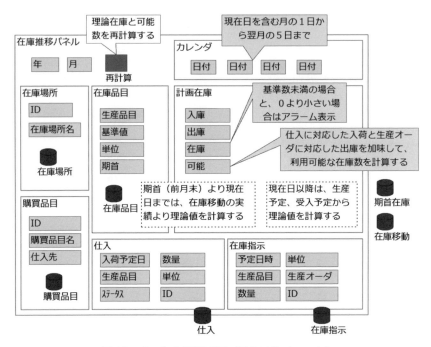

図 10-16　在庫推移画面（見える化チャート）

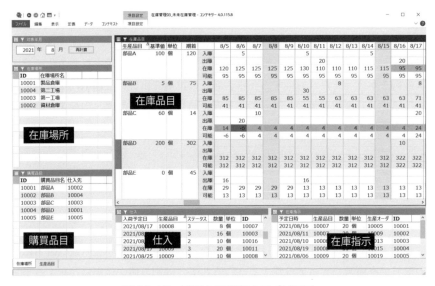

図 10-17　計画在庫管理のアプリ画面

146

　計画在庫およびそれに関係するデータの構造を、**図10-18**のデータ構成チャートにまとめる。在庫の計算において、先の計算式おける入庫数、出庫数は在庫移動として定義される。また、棚卸によって得られた値は、絶対値となる棚卸在庫の値として記録することもできるが、期の途中の場合はその時点での理論在庫数との差分を在庫移動として定義し、補正する。在庫の計算のためのロジックについて、**図10-19**のプロセスチャートにその詳細を示す。

　こうして、未来の在庫が計画在庫として計算で求められ、画面上で確認できるようになった。受注の状況に応じて新たな生産オーダを生成した場合や、購買に対応した資材の受入の予定が明らかになった場合など、ダイナミックにその時点での最新情報として提示することが可能になる。

　ただし、ここで注意すべき点は、それらの在庫数は対象とする時点での新たな要求に対応して利用できる数量ではないという点である。たとえば、現在あるいは明日の在庫数が5個あるということが示されていたとしても、その翌日にそれが利用されることがわかっていれば、その5個は予約済みの在庫であり、新たな要求に対して利用できない。

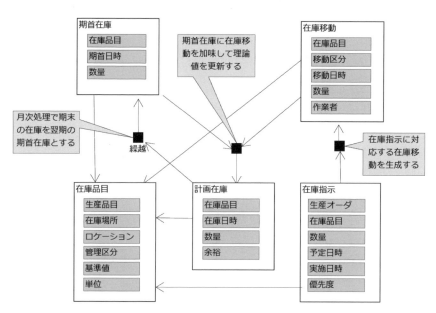

図10-18　在庫管理に関するデータ構造（データ構成チャート）

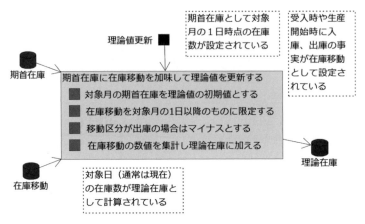

図10-19　理論在庫の更新（プロセスチャート）

生産品目	期首		9/1	9/2	9/3	9/4	9/5	9/6	9/7	9/8	9/9	9/10	9/11
部品B	7	入庫数	5			5				5			5
		出庫数	2	2	2	2		2	5	1	1	1	1
		在庫数	10	8	6	9	9	7	2	6	5	4	8
		可能数	2	2	2	2	2	2	2	4	4	4	8
部品E	24	入庫数									20		
		出庫数	3			5		8			6	8	
		在庫数	21	21	21	16	16	8	8	8	22	14	14
		可能数	8	8	8	8	8	8	8	8	14	14	14

図10-20　理論在庫における可能数の計算例

　そこで計画在庫のデータ項目として、在庫数とは別に可能数として利用可能
在庫数を計算して設定する。たとえば図10-20では、部品Bの9月3日現在の
在庫数が6であるのに対して、利用可能数は2である。これは9月4日以降の出
庫数を加味したものであり、この例では9月7日に5個の出庫があることで、
残数が2まで減ることがわかっている。部品Bの入庫予定に変更がない場合
は、この最小値が利用可能在庫数となる。

第 11 章

設備管理の取り組み例

　ものづくりの現場には、さまざまな設備や機械が存在する。特に高価な設備は、減価償却費に対応する設備コストが固定費として発生するが、これを時間ごとの変動費としてチャージし配賦する場合が多い。ただし、その前提として常に高い稼働率を維持することが求められ、稼働率が下がれば時間当たりのチャージレートが高くなる。

　設備管理では、こうした製造業の経営環境の中で設備や機械が常に稼働可能な状態となるように整備し、設備稼働率を上げるとともに生産能力・品質を維持しながら、長期間にわたって稼働の健全な状態を維持することが目的となる。

　設備管理の作業としては、設備に対する点検作業や調整作業、あるいは生産前に行う段取り、生産後に行う復帰作業や清掃点検などさまざまである。量産工場では、設備が停止することは生産ライン全体に影響が及び、収益性にも大きく関わるため、設備を止めない予防的な取組も必要となる。

　予防のための保全管理では、日常の点検・給油、補修、改良などを計画的に実施することが求められる。しかし、実際には設備が停止してからの対応である事後保全が中心となっているのが、多くの中小製造業の現状である。

　近年はIoTによって設備から安価にデータが取れるようになったため、得られたデータを効果的に利活用することで、より少ない投資で効果的な設備管理を実現できる環境が整ってきた。本章では、このような設備管理における問題を題材として、IVI製作所をモデルにスマートシンキングの適用例を示す。

11-1 設備管理における困りごと

　ものづくり現場の作業者にとって、設備や治工具の管理は生産効率や品質安定に大きく影響する。こうした問題は、個々の担当者レベルでは解決しないものも多く、組織としての取組が重要となる。ただし、中小企業では設備の設置や整備、および調整や修繕を専門とする部署や担当者はいない場合が多く、生産担当者が同時に設備管理や設備保守の仕事を担っている場合もある。したがって、まずはしくみとして、設備管理の基本的な決めごとや仕事内容の整理、標準化の議論からスタートするのがよいだろう。

　設備管理の仕事の内容は、工場の設備の種類や自動化の度合いなどによって異なる。IVI製作所の"プレス工場"では、大型プレス設備を持つ機械部品加工の工場として、一般的な設備管理、設備保全に関する仕事は一通りある。

　図11-1は、設備管理の中心となる設備保全に関する困りごとを、スマートシンキングに従って事実および課題に分けて挙げたものである。ここでは、設備保全を行う以前の管理体制の問題と言えるもの、あるいは事後保全として実際に故障が起きたときの対応に関するもの、そしてコストの観点や、より高度な予知保全につながる問題や課題が挙げられた。

　一方でより現実的な側面として、**図11-2**には設備稼働に関する見える化について、リアルタイムな設備監視の要望や設備から得られるデータを利用した生産性・品質向上についての困りごと、そして設備データによるさらなる展開、スマート化を意識して得意先に対するサービス向上や製品のトレーサビリティなど、より付加価値につながる議論が示された。

　上記、二つの困りごとチャートでは、設備管理に関連する仕事の中で得られた事実と、事実に対応する解釈としての課題が示されている。図のチャートに示したそれぞれの課題が、これから解決すべき問題を構成する一部として問題解決のスタートラインとなる。

　まず、困りごとチャートで挙げられた課題が、単独では解決手段が見つからないか、複合的な課題となっていないかをチェックする。たとえば図11-1において、「故障頻度の高い設備の故障の傾向が把握できていない」「設備の点検

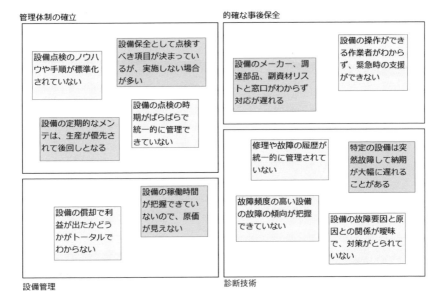

図11-1　設備管理に関する課題その1（困りごとチャート）

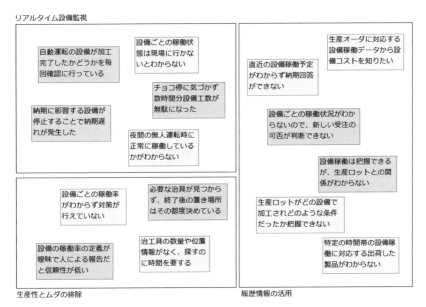

図11-2　設備管理に関する課題その2（困りごとチャート）

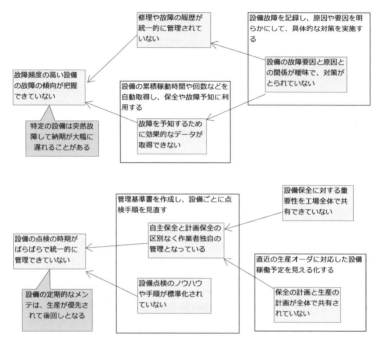

図11-3　設備管理に関する課題の深掘り（なぜなぜチャート）

時期がばらばらで統一的に管理できていない」という二つの課題は、さらに別の関連する課題がありそうである。

　なぜなぜチャートでは解決手段の見当がつかない課題に対して、その原因となる課題と合わせて対処することをもって解決することを検討するためのチャートである。なぜなぜチャートでは、「なぜ、なぜ…」と問うことで、原因となる別の課題を見つけ提示する。解決可能な課題には、その解決策として取組を定義する。そこで、このチャートを用いて要因を分析し、さらなる課題に展開する。

　こうして得られた結果を、図11-3に示す。ここでは、「故障頻度の高い設備の故障の傾向が把握できていない」という課題に対して、「設備の累積稼働時間や回数などを自動取得し、保全や故障予知に利用する」「設備故障を記録し、原因や要因を明らかにして、具体的な対策を実施する」という二つの取組を導いた。

　このようにして、IVI製作所では設備管理に関する困りごとチャート、なぜ

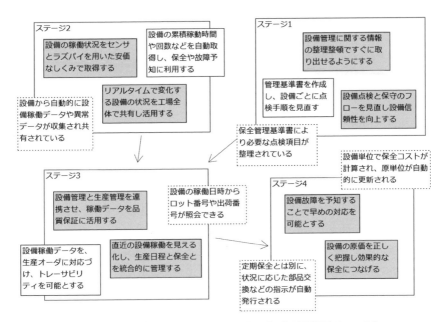

図11-4　設備管理に関する改革の進め方（目標計画チャート）

なぜチャートが完成し、さらにそこで得られた取組を、いつどこチャートでより具体的かつ現実的な解決手段と言える取組に落とし込む。それらは、後の節で説明する。

　この時点で設備管理に関する事実や課題、そして実施すべき取組、そして目標が、スマートシンキングのメンバーによって示された。さらに、**図11-4**の目標計画チャートにおいて、IVI製作所の設備管理に関する目標を四つのステージに分け、それぞれのステージごとに変革へ向けて段階的に実施していくことになった。

11-2 計画的な設備保全のための管理基準

　設備は、利用するに従って劣化する。故障しない設備はないが、故障しにくい設備はある。できるだけ故障により設備が稼働できない状態をなくし、設備の異常停止の頻度を極限まで減らすには、設備管理や設備保全が重要となる。

　すでに困りごとチャートで明らかになったように、IVI製作所では、設備保全は行っているが課題も多い。図11-5は、ステージ1として示された設備保全に関する基本的なフローや情報を整備するための取組として、設備管理基準書の整備に関する取組を起点としたいつどこチャートである。

　いつどこチャートの結果に従い、「保全管理の作業を洗い出し体系的に整理する」という取組から着手する。設備保全の活動について整理すると、一般に設備保全はあらかじめ設備を定期的に分解・点検し故障を未然に防ぐ予防保全、さらに既存設備の悪いところを計画的・積極的に改善する改良保全、そして実際に故障や不具合が発生した時点で補修を行う事後保全、の三つに分類できる。

　人工知能（AI）の技術進歩に伴い、その適用分野の一つとして、設備保全が注目されている。たとえば、予防保全の一形態として定義されている予知保

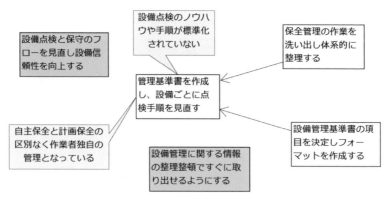

図11-5　設備管理基準書の作成（いつどこチャート）

全において、設備の故障や部品交換のタイミングを AIが過去の類似データを
もとに計算する。こうした技術を利用するには、設備保全のしくみとして標準
化されたベースの上で良質なデータを大量に収集し、学習モデルとして提供す
る必要がある。

　保全管理基準とは、設備保全において設備の構成部品あるいは部位につい
て、予防保全の一環として設備点検の項目や内容、検査項目や管理基準などを
整理し体系化したものである。保全担当者あるいは設備を操作する作業者がこ
の項目に従い、あらかじめ指定した頻度で設備の状態を監視することで設備の
異常を予知し、故障や事故が発生する前にあらかじめ対策を講じることができ
るようになる。

　ステージ1では、こうした社内体制の整備や標準化を図るために、保全管理
基準帳票において必要となる情報項目を挙げた。そこで、この見える化チャー
トを利用し、帳票および画面の設計を行う。図11-6に示すように、保全管理
基準書の管理画面は設備手順に対応した保全項目と検査項目などによって構成

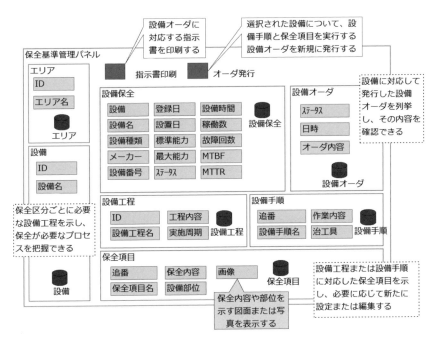

図11-6　保全管理基準の管理画面（見える化チャート）

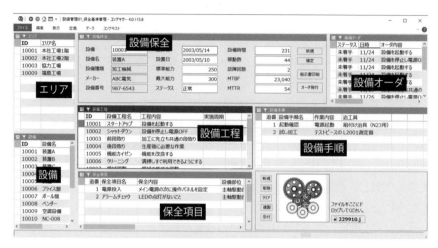

図11-7 保全管理基準の管理アプリ

される。また、**図11-7**には対応する保全管理基準アプリのユーザ操作画面を示す。

　見える化チャートに対応した業務アプリでは、設備および部位ごとに点検保守項目を定義する機能があり、そこで検査標準を設定して管理する。基準は基本的に固定であるが、設備故障の状況と検査値との因果関係により適宜見直すことを可能とする。検査項目の判定においては、機器による測定、目視による判断、自動取得と判定などがあり、画像あるいは図面が対応する。

　実際に点検・検査を行う際には、あらかじめ保全オーダとして対象とする部位や検査項目が指定され、その項目に対応する検査手順を実施し、結果を設定していくことになる。点検・検査は、その項目の種類に応じて周期があり、毎回、設備オーダに応じて項目内容が異なる場合がある。検査項目ごとに検査周期を変えることで、重点的に管理すべき項目とそうではない項目で区別し、検査作業の省力化を同時に図る。

11-3 IoTを活用した設備稼働の見える化

　設備管理の変革に当たって、目標計画チャートで設備管理のステージ1とステージ2は並行して実施することとした。本節ではステージ2として、IoTによる変革の可能性を探る取組について解説する。すなわち、「設備の稼働状況をセンサとラズパイを用いた安価なしくみで取得する」という目標を達成することが、ステージ2での中心的な論点となる。図11-8に、該当するいつどこチャートを示す。

　図11-8にあるように、ここで実現したいのは「電流センサを用いて設備の稼働状況をリアルタイムで把握」し、「開閉センサにより作業の着手、完了のタイミングを設備から取得」し、「設備の稼働状態として特定の部位のセンサの値を常時監視し」、そして「センサから得られた設備ごとの稼働状態を関係者に通知し共有する」ことである。

　こうした状況をスマートシンキングにおいて関係者が理解し共有するために、図11-9にやりとりチャートを示す。ここでは、モノとして対象設備のほかにラズパイやセンサ、そして事務所PCおよび現場ディスプレイを設定した。また、役者としては作業者のほかに、遠隔にいる別の作業者、管理者、そ

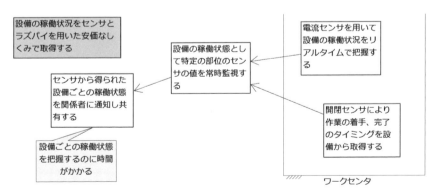

図11-8　設備監視を行うための手段（いつどこチャート）

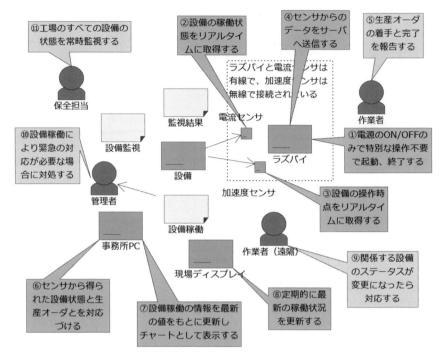

図11-9　IoTを活用した設備管理（やりとりチャート）

して保全担当を挙げた。

　まず、①設備に設置されたラズパイの電源が投入されると、計測が開始される。②電流センサは設備の電源部分に設置され、電流値によって稼働停止を判断する。また、③加速度センサはドアなどの開閉により、個別の作業の着手、完了を計測する。④ラズパイは、こうしたセンサからのデータをリアルタイムでサーバに送信し、⑤必要に応じて、作業者は別の手段で作業の状況を報告する。

　事務所PCでは、⑥センサから送られた情報と生産オーダとを対応づけ、⑦設備稼働の状況を生産オーダとともにチャートとして表示する。ここで表示したチャートは、⑧生産現場のディスプレイでも定期的な再描画のタイミングで表示される。⑨離れた場所にいる作業者は、この表示を見て必要な対応をとり、⑩緊急な状況においては管理者も対応する。⑪設備稼働に関するこうした状況は、保全担当がモニタリングする。

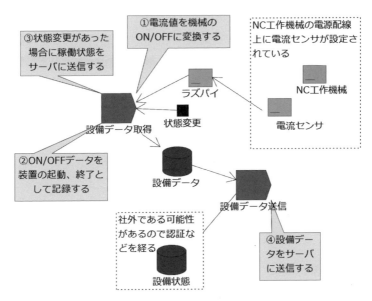

図11-10　ラズパイを用いた設備監視（ロジックチャート）

写真11-1　利用するラズパイとセンサ

　IoTを活用した設備の稼働管理におけるロジックの概要を、**図11-10**にロジックチャートとして示す。また、ラズパイおよびセンサの実物を**写真11-1**に示す。

　設備に設置されたセンサの値は、「設備監視」として計測された1次データ

としてサーバに送信される。この内容は、特定の時間幅（ここでは1時間）ごとに集計され、稼働監視画面に「監視結果」として監視項目ごとに表示される。**図11-11**では稼働、温度、振動が集計指標となり、それぞれの回数、平均値、最大値が表示される。ロジックの詳細については、プロセスチャートを用いて**図11-12**に示す。また、対応するアプリの画面を**図11-13**に示す。

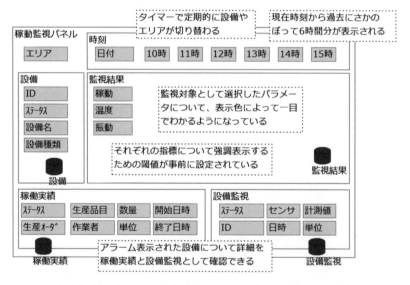

図11-11　稼働監視のための画面構成（見える化チャート）

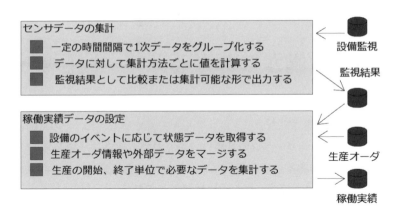

図11-12 設備稼働データに関する処理手順（プロセスチャート）

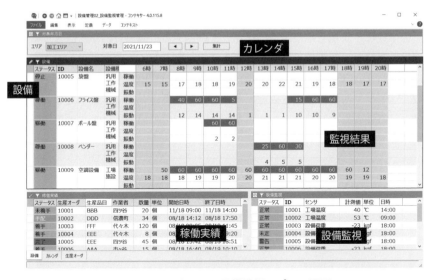

図11-13 IoTを用いた設備監視アプリの画面

11-4 設備がつながるスマート工場へ

　IoTによって収集されたデータはリアルタイムで加工され、その目的に応じて可視化される。ステージ2の目標は、こうしたリアルタイムに取得されるデータをエリア内あるいは企業内で共有し、見える化することであった。ステージ3では、こうして得られた設備稼働データをさらに付加価値をつけるために生産オーダや受注と対応づけ、これをさらに現在の見える化だけでなく、明日以降についても見える化する。

　図11-14に示すように、こうしたことを可能とするためには設備のデータがつながるだけではなく、これまで独自に行ってきた設備管理と生産管理が、しくみとしてつながっている必要がある。

　保全管理と生産管理の基本的な違いを確認する。設備管理は、設備というその場に存在し、基本的に移動しないモノが対象となる。これに対して生産管理は、資材や加工品など現場で移動し、最終的には出荷されるモノが対象となる。前者は、想定外の設備故障などによって作業が発生するのに対して、後者は、得意先からの特急注文や仕様変更などの想定外の要求によって追加作業が発生する。

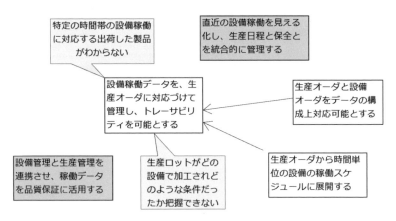

図11-14　設備管理と生産管理の連携（いつどこチャート）

設備管理と生産管理とを統合的に管理するには、データの持ち方、データ構成について十分な検討が必要となる。**図11-15**は、関連するデータについての構成チャートである。この内容は、業務に詳しい現場担当者は必ずしも知っておく必要はないが、管理システムからデータを取り出しExcelなどで加工するようなケースでは、システムがどのようなデータを持っているかをあらかじめ知っておくことは無駄にはならないだろう。

ここでのゴールは、設備ごとに明日以降の稼働状況を見える化し、保全計画や新規の受注における参考資料として活用できるようにすることである。また、生産オーダと紐づけができることで、設備の稼働日時からロット番号や出荷番号が照会できることもステージの完了条件となっている。ここでは、前者について解説する。

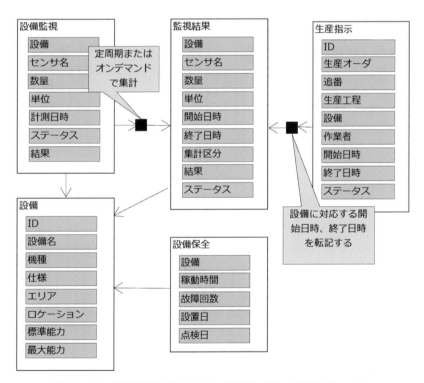

図11-15　設備管理に関するデータ構造（データ構成チャート）

図11-16に、設備稼働の見える化チャートを示す。稼働監視が、現在および過去の稼働状態を確認するためのものであったのに対して、ここで取り上げる設備稼働は本日以降の未来に関する状況の見える化となる。図11-16では現在日の現在時刻が設定されており、そこから右スクロールまたは「翌日へ」ボタ

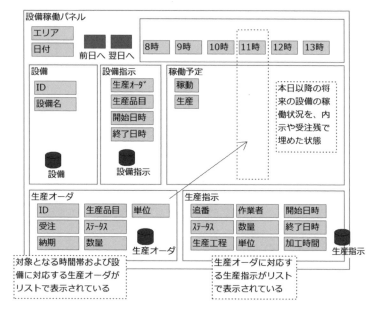

図11-16　設備稼働の見える化の方法（見える化チャート）

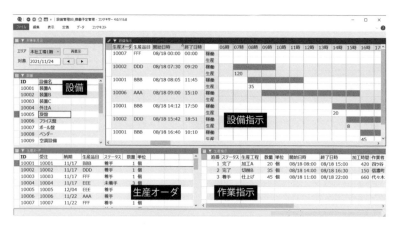

図11-17　設備稼働アプリの表示画面

ンにより、未来の設備の状況が表示される。

　どのようにして、未来の設備稼働の状況を知るのかというと、そのロジックはとても簡単である。すなわち、「生産オーダ」に対応する「生産指示」が持つ設備、開始日時、およびその加工時間を、設備と日時でクロス集計する。これによって設備ごとに、現在以降の任意の日や時間帯における稼働の有無または稼働時間が求まる。なおこのロジックは、Excel ではピボットテーブルを用いても実現することができる。**図 11-17** に、対応する設備稼働アプリの表示画面を示す。

Column

システム開発の道具（ノーコードツール）

　本書の第 9 章から第 11 章では、生産管理、在庫管理、そして設備管理の課題に対応して、情報の構造である見える化チャートを示し、それぞれに対応した業務アプリの画面を示している。スマートシンキングでは、見える化チャートとしてどのような IT の道具が必要であるかを具体的に示すが、その内容をもとに、それに準じた業務アプリを構築する部分はそれぞれの企業に委ねられている。では、どうすればよいか。

　従来であれば、外部の IT 企業かプログラミングができる社員に依存することになり、この部分がネックとなっていた。この部分を、プログラミング知識がない業務の担当者が自ら行うことを可能とするノーコードツールがコンテキサー（Contexer）である。

　コンテキサーは、米国マサチューセッツ工科大学（MIT）において2004 年から開発がスタートし、その後、数多くの実証実験を経て、2012 年にアプストウェブによって商品化された IT カイゼンツールである。CSV 版は、業務利用であっても大半の機能が無償で利用可能であるため、中小製造業の身近なツールとして活用できるだろう。

コンテキサーでは、**図11-18**に示すようにコンテキストと呼ぶ情報の単位を組み合わせてシートを構成する。それぞれのコンテキストは、エンティティと呼ぶデータの単位が対応している。コンテキストは、情報項目に対応する項目が定義されており、この値をもとにデータとして表示される行が限定されるとともに、ボタンなどのイベントに対応してその内容をコマンドを用いて転記したり集計したりする。

　本書で取り上げた業務アプリでは、上記の基本形に加えてクロス展開および時系列展開を行っているものが多い。その場合には、クロス集計型の複合コンテキストが利用される。しかし、そのような一見して複雑なシートであっても、Excel感覚で情報の見え方を確認しつつ対話的に設定を進めることができる。コンテキサーはすでに自動車部品、航空宇宙、医療機器、精密機械、電子機器、一般機械、機械加工、樹脂成形、表面処理など幅広い分野での適用実績を持ち、大企業から中小企業、小規模企業までその用途に応じたITカイゼンを行うためのツールとして利用されている。

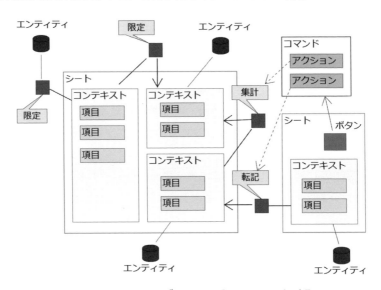

図11-18　ITカイゼンツールContexerのしくみ

第12章

さあ、始めよう!

　スマートシンキングは、工場変革のための手法でありツールである。これまでの工場変革は現場改善からスタートし、目に見えるムダを徹底的に取り除くことで効率性を高めてきた。スマートシンキングでは、これに加えて目に見えないムダ、すなわち情報の流れに起因するムダを対象とし、さらにそうした情報から新たな価値を取り出す方法もあわせて議論する。

　スマートシンキングを実践するために、本書で紹介した16種類のチャートのいずれかを利用して、まずは絵を描くことからスタートすることはよい方法である。しかし、スマートシンキングの本質は、そこで描いた絵の背後にある知を他のメンバーとの相互理解の中で共有し、組織が持つ財産の一形態として保持することにある。

　デジタル化は手段であり、スマートシンキングでは必須ではない。しかし、情報の流れをカイゼンするために、デジタル化することは極めて有効な手段であり、結果としてデジタル技術を多く利用することになるだろう。

　こうしたアプローチの結果として工場のデジタル化が進み、さまざまな業務がデータを活用した付加価値の高いしくみに移行できれば、それは素晴らしいことである。しかし、そのような理想からはほど遠いのが現実であったとしても、スマートシンキングによって設定した目標に少しでも近づくために、課題を一つずつ解決していければそれも立派な成果である。

　とはいえ、やはり企業の中でスマートシンキングを実践し成果を出すためには、ITまたはIoTシステムを新たに開発し、そのシステムが業務の中で利用され、ある程度の効果が出るところまで求められるのが現実だろう。本章では、スマートシンキングの実践により、こうした具体的かつ現実的な成果を得るためのポイントを解説する。

12-1 3か月で成果を出すには

　スマートシンキングは16種類のチャートのどこからスタートしてもよい
が、実際のプロジェクトとして成果を出すためには、問題発見と共有の道具と
して**困りごとチャート**は必須である。どうしても目前の問題の解決に目が行
き、そもそも問題は何かといった部分を確認する行為は省略されがちである。

　ITカイゼンの初期段階では、自分たち自身でシステム開発を行う場合が多
い。仮に当初想定していたシステムが完成したとしても、それを開発者自身が
ユーザとして利用する場合はともかく、業務の中で利用されて効果が共有され
るためにはさらなるハードルがある。問題発見のプロセスは、そのハードルを
越えるための鍵を握っている。

　もう一つ重要なチャートとして、業務分析と提案のための道具である**やりと
りチャート**がある。やりとりチャートが重要な理由は、システムのユーザが誰
であり、どのような業務を対象としているのかを、現状（AS-IS）から出発し
てあるべき姿（TO-BE）まで、あらかじめ関係者の間で明確にできるからで
ある。

　システムがどれだけ高機能であっても、あるいは他の企業で多くの利用実績
があっても、自社でそれが利用され効果を出せる保証はない。やりとりチャー
トは、工場変革をシステム中心に進めるのではなく、業務中心に進めるための
重要な道具となる。

　現場改善をITカイゼンと同時並行で進めていくための重要なツールとし
て、**見える化チャート**が挙げられる。情報は生ものである。情報はそれが持つ
意味が重要であり、それを利用する状況に応じて形を変える。必要な情報が、
必要なときに、必要なところで利用でき、さらにその情報が利用者が望む形で
提供されることが、ITカイゼンの究極の目標となる。見える化チャートでは、
利用者目線で必要な情報の形を明らかにし、その効果と実現可能性を具体的に
議論することができる。

　工場変革を進めるために、これら三つのチャートを中心として、必要に応じ
てさまざまなチャートを活用することになる。ただし、そうした工場変革プロ

ジェクトが成果を出すための最大のポイントは、その過程において、業務の当事者の中から問題意識を持った人たちをメンバーとして巻き込み、彼らや彼女らを主役としてプロジェクトを進めることである。これは極めて重要な点であり、こうした現場の視点を欠いたプロジェクトは成功する見込みがない、と断言してもよいだろう。

　一方で、社長あるいは経営サイドのコミットメントも重要な要素となる。現場改善やITカイゼンは、従来型のシステム開発とは異なり、大掛かりな投資は必要ないため、財務的な意思決定が求められるという状況は比較的少ない。しかし、工場変革に伴う業務の見直しや、これまで日々行ってきた仕事のやり方を変えるためには、仮にそれが望むべきことであったとしても常に現場の抵抗を伴い、一時的なパフォーマンスの低下や実際に成果が得られないというリスクも大きい。

　そもそも、1回目からプロジェクトが成果を出せる保証はなく、何度か失敗もする中で経験を積む必要もある。そのような場合に、経営トップのブレない姿勢がプロジェクトの大きな推進力となる。

　プロジェクト成功の秘訣の三つ目は、対象業務の選定である。特に、スマートシンキングの考え方や手法がまだ十分に理解されていない段階で行う最初のプロジェクトで手掛ける課題は、その選定が重要となる。あまり対象を広げず、また大きな成果を求めることは避け、スモールスタートを心掛けることが成功の秘訣となる。

　実際に、16種類のチャートの中にある目標計画チャートを用いて、その時点で挙げられたさまざまな目標や新たな課題の中から、解決に時間がかかるもの、あるいはそのための前提条件が整っていないものなどをステージとして分類し、対象から外す。そして部門間、担当者間をまたぐ問題ではあるが、それらの連携がうまくできたいないことに起因する課題で、3か月以内で結果が出せるものを選択する。

【プロジェクト成功の秘訣】
その1）社内有志の結束
その2）社長の巻き込み
その3）対象業務の選定

3か月という期間は、一つの目安としてとても重要である。筆者のこれまでの経験上、それより短いと手法の定着や効果の検証の時間が取れないし、それより長くして、たとえば半年を超えると、プロジェクトの内部でフェーズを設けることになり、その間の成果が外部から見えなくなる。

　もちろん、工場変革のためのプロジェクトとして、社長の大号令のもとで全社的に大々的にスタートすることはとても重要である。その場合は、1年あるいは3年といった期間の中で大きな目標を掲げて実行することになる。そして、その上でステージを設け、それぞれのステージの目標および目標達成の基準を目標計画チャートによって明確にし、段階的に進めることが望ましい。そして、その一つのステージの期間を3か月から最大でも半年とすることで、工場変革とデジタル化の進展を、常に関係する業務の担当者や管理者とプロジェクトチームとが一体となって進めていくことが可能となる。

12-2 プロジェクトの失敗とともに成長する

　あまり話題になることは多くないが、業務改革を伴うITプロジェクトの多くが失敗に終わっているという事実がある。成功および失敗の定義にもよるが、ITプロジェクトの7割は失敗しているという報告もある。一般にITプロジェクトはそれにかける投資額が大きいため、プロジェクトの失敗は担当者のみならず、経営にも大きなダメージを与える。

　これに対してスマートシンキングで進めるITプロジェクトは、お金ではなく、社内人財の労力と時間を投資する。外部のIT人財も活用するが、基本的にプロジェクトの中核は社内人財となり、そこで多くの工数がプロジェクトに投入されることになる。

　では、スマートシンキングで進める工場変革プロジェクトの成功率はどれくらいだろうか。筆者の経験上、初期の成功率はITプロジェクトのそれとあまり大差がないようにも思える。現場を巻き込んで、業務そのものを変革していくことはそうたやすいものではない。

　しかし、スマートシンキングによる工場変革と従来型のITプロジェクトによる工場改革の大きな違いは、スマートシンキングの場合、プロジェクト失敗の経験がすべて組織の知として蓄積され、その後に活かされるという点である。むしろ、プロジェクトの失敗を介して、組織内に共通理解としての知が形成され、結果として組織が成長するというサイクルが形成される。いわば、プロジェクトの失敗は成功のための必要条件なのである。

　ただし、あらかじめ避けることができる失敗要因は多い。以下に、プロジェクト失敗の9要因を挙げ、それぞれについて、スマートシンキングにおいてそれらの失敗を回避するためのポイントを示す。

■要因1：目標やねらいを高く持ちすぎる

　スマートシンキングでは、あるべき姿、ありたい姿をTO-BEモデルとして示すが、その前提として、現状の業務で実現できている状況をAS-ISモデルとして示し、そのギャップを議論し常に意識している。

■要因2：システムに機能を付加しすぎる

　特に現場担当者に、システムとしてどのような機能が必要かを尋ねると、使うかどうかはともかく、「あったらいいな」という機能が山ほど返ってくる。スマートシンキングでは、担当者の日々の活動の中でやりたいことを組み立てるので、不要な機能はその時点で除外される。

■要因3：現状業務からの飛躍がありすぎる

　工場変革というと、どこか先進的な企業の例をそのまま持ち込もうとする場合がある。スマートシンキングの場合は、外部の成功事例は業務や仕事の進め方の単位で取り込むが、その際の起点となる役者や情報が存在しない場合は適用ができない。

■要因4：現場のニーズとギャップがある

　トップダウンで工場変革を行う場合に、現場のニーズを超えた大胆な策が必要なときもある。スマートシンキングでは、そのような場合であっても納得感が得られ、問題意識が共有されるまで、担当者も巻き込んで時間をかけてその実現手段を議論する。

■要因5：帳票を大きく変更し現場が混乱した

　現場担当者にとって使い慣れた帳票は、仮にそれが非効率なものであったとしても変えることには抵抗があり、混乱を伴う。想定外の状況なども考えると、一気にシステムを入れ替えるのではなく、ITカイゼンのアプローチで段階的に進めることが望ましい。

■要因6：必要なデータが存在しない（作れない）

　見える化のしくみとして業務システムが機能するには、そこで必要となるデータが重要であり、そのデータを誰かがどこかで入力しなければならない。スマートシンキングでは、そうした担当者の活動も含めた流れを議論し、対象となる業務の実現性、有効性をあらかじめ議論しておく。

■要因7：関係者からの協力が得られない

　システムを構築し切り替えるためには、ステークホルダである関係者からの協力が必須である。ここで関係者は、システムを利用するユーザはもちろんのこと、切替によって影響を受ける業務の責任者も含まれる。特に反対意見の強い関係者は早期からスマートシンキングに参加してもらうべきだろう。

■要因8：担当者の業務が多忙すぎる

　多くの企業や組織では、対象業務におけるキーパーソンは常に忙しく、プロ

ジェクトに対して割ける時間は極めて短い。こうした状況の中でプロジェクト
にキーパーソンを巻き込み、ヒアリングやレビューなどを短時間で効果的に進
めるために、スマートシンキングのチャートが有効となる。

■要因9：トップの意向がたびたび変更になる

　経営環境の変化などに伴い、プロジェクトのオーナーである経営トップの意
向が変わると、プロジェクトの方向性が大きく変わる場合もある。しかしその
多くは、個別の課題に対する見解やプロジェクトのサブゴールに関するもので
ある。スマートシンキングにより、これまで欠けていた視点であれば全体の目
標に追加し、軌道修正するとともに、現在のプロジェクトの具体的な目標とは
切り分けて議論する必要がある。

12-3 三つの心得と３つのポイント

　前節では、失敗の9要因と失敗しないための方法について示した。では、成功するにはどうすればよいか。もちろん、必ず成功する方法は存在しない。しかし、より成功したと言える結果となる確率を高めるために、成功のための心得について筆者の経験の中からいくつか紹介する。まずは、ITカイゼン型のプロジェクトを進める上での三つの心得である。

　第一の心得は、「**自分自身でカイゼンする**」である。ITプロジェクトの場合、どうしてもシステムを作る人、システムを使う人という二つの立場と役割に分かれてしまい、その間のコミュニケーション不足からなかなかゴールに到達しない場合が多い。ITカイゼン型のシステム開発では、システムの作り手がそのシステムのユーザの立場となる。ただし、業務の担当者ができる範囲は限られているが、できるところは業務担当者が自分でやり、それ以外の部分をIT担当者に依頼するというスタンスを基本とする。

　第二の心得は、「**実施してからカイゼンする**」である。業務の担当者といえ、システム開発に興味を持つ者にとって、開発するシステムにはいろいろな機能を盛り込みたいという意識が働く。中途半端な機能では物足りなく、やるなら完璧にしたいというモノづくりの心理と同じである。しかし、これだと、いつになっても利用のフェーズに移行できない。ITカイゼンでは、多少不完全であってもできたシステムは我慢してでも利用し、その上で次のカイゼンへつなげることが重要となる。

　第三の心得は、「**カイゼンの事実を共有する**」である。おそらくフルタイムでプロジェクトに参加するのは、中小企業の場合はせいぜい1人か数人である。あるいは、多くの場合は通常業務と兼務となる。このようなケースでは、担当者のモチベーションを高め、他のメンバーからのコミットメントを得るために、カイゼンした事実は記録として残し、組織内で公開する。結果としてどのような効果があったかを示し、常にフィードバックを得るしくみとすることが成功への近道となる。

【ITカイゼンの三つの心得】
その1) 自分自身でカイゼンする
その2) 実施してからカイゼンする
その3) カイゼンの事実を共有する

　以上が、ITカイゼンを進める上での成功の秘訣である。しかし、こうしたプロジェクトの進め方よりも以前の段階で、そもそもそこで取り組むプロジェクトの目標あるいは前提条件が、適切ではない場合もあるかもしれない。そのようなケースでは、なかなか努力が報われない場合もある。

　そこで最後に、そもそものスタートの時点で確認しておくべき、プロジェクトが成功するための三つの問いを挙げたい。この三つの問いに対し、明確な答えをあらかじめ用意し関係者で納得しておくことが、成功のための重要な要因となる。

　第一の問いは、「**担当者にとってメリットがあるか**」である。多くの場合、この第一のポイントが無視される。たとえば、システムを操作する人にとって、これまで不要であった作業が増えるというケースである。データ入力作業の追加や操作マニュアルの確認などは、作業者に追加で負荷がかかる。新たなシステムは、これまで手間がかかっていた仕事が楽になる、あるいはこれまでミスの多かった作業の質が向上するといった点を強調し、トータルで担当者にとってもメリットあるものでなければ定着しない。

　第二の問いは、「**現場（業務）にとってのメリットがあるか**」である。ITシステムを議論する際に、IT経営というキーワードがあるが、これはどちらかと言えば、経営者にとっての見える化に重点がある。これは、経営力を強化することには貢献するが、現場の業務にはメリットがあまりない場合も多い。たとえば、データを利用して業務の見える化が進む、担当者間の連携が進み業務が円滑になるといったように、システムがそれを利用する業務にとっての課題を解決するものであってこそ、現場が協力してそのシステムのカイゼンに取り組むことになる。

　第三の問いは、「**お客様にとってのメリットがあるか**」である。社内のカイゼンや効率化は、最終的にはお客様のメリットにつながるはずであるが、それは間接的なものである。注文や要求に対して迅速に対応ができる、情報の蓄積

によりきめ細かな対応ができるといったように、業務の効率化やスピードの向上が、明確な因果関係の中でお客様のメリットにつながっていることを確認する必要がある。担当者によって使いやすいシステムも業務の効率化に貢献するシステムも、最終的にそれがお客様のメリットにつながっていない場合は、経営者としては思い切った投資判断ができない。逆に、お客様のメリットにつながるシステム化であれば、それがダイレクトに収益につながらなくても、経営者としては進めるべきだろう。

【成功のための三つの問い】

その1）担当者にとってのメリットはあるか？

その2）現場（業務）にとってのメリットはあるか？

その3）お客様にとってのメリットはあるか？

12-4 進化する現場を人がつなぐ

　ものづくりの現場は、デジタル化の流れの中で大きく変容しつつある。DX というキーワードにより、中小企業もビジネスモデルや業務プロセスの変革や改革が必要であると言われている。これからの10年、20年を考えると、工場のデジタル技術による変革は、おそらく避けて通ることはできないだろう。しかし、その一方で中小製造業の現場では、今一つ緊迫感は感じられないのが実情なのかもしれない。

　この肌感覚の違いは、デジタルという言葉に対する認識やイメージの違いに起因するのではないか。すなわち、中小製造業の業務担当に響く言葉はデジタルではなく、データであり、カイゼンであり、自動化、見える化なのである。デジタルはこうした取り組みをより手際よく行うための手段であって、そのために担当者自身がデジタルを意識する必要はなかった。

　こうした製造業の現場の環境も少しずつ変わろうとしている。ITの世界ではローコード、ノーコードといった開発ツールが登場し、IoTデバイスによって現場にいながら必要なデータが収集できるようになった。デジタル技術に関する多少の知識と時間さえあれば、外部のIT企業の手を借りずに独自の業務アプリも構築可能になりつつある。これは、中小製造業の中小製造業による中小製造業のためのシステムである。

　システム開発をユーザ自らが行うという取り組みは、1980年代から1990年代に始まったエンド・ユーザー・コンピューティング（EUC）の流れとしてとらえることもできる。これまでのEUCは、それぞれの部門で、それぞれ独自のシステムを構築してきた結果、データの相互の互換性や企業としての統合的な管理が難しくなるというマイナス面も多かった。

　これに対してスマートシンキングによるEUCは、もともとスマートシンキングが業務間、組織間の情報の流れに着目し、それらをつなぐことを得意とする手法である点を考えると、EUCのかつての懸念である部分最適化やシステムの属人化といった課題は、ここでは当てはまらないだろう。

　では、スマートシンキングでデジタル化を進めた未来の製造業、特に未来の

中小製造業はどのような姿となっているのか。中小製造業の担当者に響くキーワードとして、データ、カイゼン、見える化、自動化を挙げた。これから展開される新たな時代において、ここでもう一つのキーワードとして"つながる化"を追加したい。

デジタル化が進んだ10年後、20年後の社会において、未来の中小製造業は、つながる化という側面ではこれまでにない大きな変化があると予測している。つながる先は、得意先であり仕入先や取引先である。そして、デジタルでつながることで、中小製造業はこれまでのような規模のハンデがなくなる。デジタルでつながることで、技術が優れている企業、特色のある企業が飛躍する機会が一気に増すのである。

企業と企業をつなぐB2B型のバリューチェーンがデジタルに置き換わるのは、もはや時間の問題である。かつての系列企業を中心とした取引慣行は、これから時間とともにその影響力が薄れていき、それに代わってつながる化による新たな取引関係が主流となるだろう。そして、さらに未来を志向すれば、つながる先は取引先の購買担当者ではなく、特定の在庫であったり、特定の生産ラインや設備であったりするかもしれない。

本書の事例の中では、こうした企業間の連携についての課題や取組について、仮想企業であるIVI製作所を設定し、部分的にそのエッセンスのみ取り上げた。実際にスマートシンキングを実践している事例などは、これからますます増えていくだろう。特に新たな時代の流れとして、企業間をつなぐ事例などはこれから注目すべき重要な取組と言える。

ただし、つながる製造業にとってまずもって重要なのは、社内がつながっていることである。中小製造業が過去の資産を活かしつつ、競争力を保ったままでこうしたつながる化を進めるために、一見回り道に見えたとしても、まずは担当者間で人と人とがつながり、スマートシンキングを通じてそれぞれの知を共有し、そして新たな知を絶え間なく生み出していく新しいデジタル企業に変容することが望まれる。

資　料

インダストリアル・
バリューチェーン・イニシアティブ
業務シナリオ実証テーマ
（2015～2020年度）

【2015年度テーマ一覧】

No	テーマ名	参加企業
1	遠隔地の工場の操業監視と管理	日本電気、他
2	設備ライフサイクルマネジメント	矢崎部品、他
3	現物データによる生産ラインの動的管理	横河マニュファクチャリング、他
4	設備連携によるリアルタイムな保全管理	オムロン、他
5	リアルタイムなデータ解析と予知保全	オークマ、他
6	保全データのクラウド共有とPDCA	日本電気、他
7	MESによる自動化ラインと搬送系、人間系作業の統合	神戸製鋼所、他
8	企業を超えて連携する自律型MES	小島プレス工業、他
9	想定外の状況に対応可能なMES〜量産直前での仕様変更	デンソー、他
10	実績データによる製造知識の獲得	日立製作所、他
11	データ連携による品質保証（不良原因の早期発見、未然防止	キヤノン、他
12	ロボットを活用した中小企業の生産システム	安川電機、他
13	生産技術生産管理のシームレス連携〜ロケーションフリーなものづくり	川崎重工、他
14	設計＆製造BOM連携とトレサビ管理	豊田中央研究所、他
15	人と設備の共働工場における働き方の標準化	トヨタ自動車、他
16	中小企業の共同受注における見積もり連携	今野製作所、他
17	サイバーフィジカルな生産＆物流連携	東芝、他
18	国内外企業間の生産情報連携による変動への対応	富士通、他
19	遠隔地のB2Bアフターサービス	ニコン、アビームシステムズ、他
20	ユーザ直結のマス・カスタマイゼーション	マツダ、他

【2016年度テーマ一覧】

No	テーマ名	参加企業
1	工程情報と製造ノウハウのデジタル	ブラザー工業、他
2	設計・生産準備情報連携による設計変更業務と生産準備業務の効率化	富士通、他
3	CPS によるロボットプログラム資産の有効活用	安川電機、他
4	人・物のリアルタイムなデータ収集によるタイムリーな生産計画変更	CKD、他
5	安価に実現するモノの位置管理システム	ヤマザキマザック、他
6	先端 IoT を活用した変種変量生産における作業者支援	コニカミノルタ、他
7	品質データのトレーサビリティ	いすゞ自動車、他
8	品質情報のリアルタイム管理	矢崎部品、他
9	標準 I/F によるサプライチェーンの CPS 実現	日本電気、他
10	標準 I/F によるサプライチェーンの CPS 実現（出荷物流）	東芝、他
11	工程情報の共有と企業間連携	小島プレス工業、他
12	複数工場間での工程進捗と納期管理	富士通、他
13	中小企業の水平連携における技術情報の伝達と共有	由紀精密、他
14	中小企業の水平連携と進捗の見える化	エー・アイ・エス、他
15	町工場の生産工程お知らせサービス	伊豆技研工業、他
16	人と設備が共に成長する工場ものづくり改革	トヨタ自動車、他
17	プレス機とパネル搬送装置の予知保全	オムロン、他
18	次世代センシング技術による予知保全データの活用	東芝、他
19	突発的な設備故障に対する安価な予兆システム	ダイフク、他
20	設備稼働データによる保守／保全の効率化	東芝、他
21	保全ナレッジ活用による保守／保全の効率化	電通国際情報サービス、他
22	設備と人の見える化による生産性の向上	神戸製鋼所、他
23	企業間の生産情報共有による生産リソースの相互融通	日立製作所、他
24	工場内の全ての設備の実稼働状況管理	ツバメックス、他
25	自社製品販売後のサービス付加価値向上	日本電気、他

【2017年度テーマ一覧】

No	テーマ名	参加企業
1	モノとつながる品質データ	東芝、他
2	CPS実現に向けた設計部門と製造部門のデータ連携	旭硝子、他
3	BOPを使った製品設計情報と生産技術情報のクラウド連携	ブラザー工業、他
4	目視検査工程のリアルタイム管理	矢崎総業、他
5	品質データのトレーサビリティラズパイとクラウドを使ったIoT	いすゞ自動車、他
6	設備と人の実績可視化による生産性・品質安定性の向上	神戸製鋼所、他
7	鍛造プレスラインにおける予知保全と品質向上	CKD、他
8	誰でも出来る予知保全と品質管理	日本精工、他
9	設備の予知保全とリアルタイム品質管理	CKD、他
10	予知保全とリアルタイム品質管理を支える次世代IoT	フィックスターズ、東芝メモリ、他
11	設備総合効率の向上	日東電工、他
12	AIによる生産ラインの生産性向上と自動化進展〜第一弾：検査工程への取組み〜	マツダ、他
13	人と設備が共に成長する工場ものづくり改革	ジェイテクト、他
14	匠の技のデジタル化マニュアル〜匠の技のデジタル化を匠の技にすべからず〜	ニコン、他
15	CPSによるロボット設備全体の立上〜運用〜メンテナンスの効率化	安川電機、他
16	リアルタイムな工程進捗管理とロケーション管理による生産の効率化と納期遵守	栗田産業、他
17	動的最適化シミュレーションによるサイバーフィジカル生産	CKD、他
18	IoT活用による中小製造業のチョコ停の見える化と改善	伊豆技研工業、他
19	拡張MESによる生産カイゼン	小島プレス工業、他
20	稼働・材料情報の分析活用による顧客運用の最適化	日本電気、他
21	IoT／デジタル化による製造現場の測る化・比較	東芝、ISID、他
22	モノづくりとロジスティクスの連携	東芝ロジスティクス、他

【2018年度テーマ一覧】

No	テーマ名	参加企業
1	BOPを活用した作業者特性に応じた品質の作り込み	ブラザー工業、他
2	発展的かつ継続的なデータの収集と分析	CKD、他
3	素材製造ラインにおける品質向上	三菱電機、他
4	作業者ごとの品質管理・品質KPIをセキュアにリアルタイム管理	IHI、他
5	デジタルタグを使った小型部品品質管理システムの構築	電業社機械製作所、他
6	センサデータ活用による誰でも出来る保全と品質管理	ミスズ工業、他
7	エッジ上でのAI利用による製品品質安定化	三菱電機、他
8	ロボット設備の運用フェーズでの簡易化・効率化	安川電機、他
9	AIにおける生産ライン生産性向上／自動化進展と品質改善	マツダ、他
10	人・モノの実績可視化／動作分析と最適化	マツダ、他
11	自律化による高効率なものづくりへの進化	ニコン、他
12	遠離地の製造拠点のカイゼン状況の見える化	リコー、他
13	製造設備の消費エネルギーと生産性の見える化、全体最適	パナソニックデバイスSUNX、他
14	つながる現場KPIと経営指標	ヤマザキマザック、他
15	設備故障予知におけるリスクと損失に基づく意思決定の見る化	ダイキン工業、他
16	部品輸送トラックの位置把握と輸送時間の実績取集による最適化	マツダ、他
17	拡張MESによる工場間工程間のリアルタイムデータ収集・活用	小島プレス工業、他
18	中小企業の進捗にお知らせサービス	富士通、他
19	セキュア大規模データ流通サービス	東芝、他

【2019年度テーマ一覧】

No	テーマ名	参加企業
1	エッジでのリアルタイム品質管理とAI等によるオペレータ支援	三菱電機、他
2	PoCから堅実実装へ、成功への階段〜溶接検査の自動化〜	CKD、他
3	素材製造ラインにおける品質向上／シリンダーヘッド（鋳造）編	三菱電機、他
4	DX時代における過去トラの蓄積と利活用の進化	ブラザー工業、他
5	品質保証と工程設計における見える化とボトルネック改善	日立製作所、他
6	誰でも出来る予知保全と品質管理 〜システム実装編〜	ミスズ工業、他
7	設備機の保守に関する情報を見える化する	CKD、他
8	一品一様設備のAI活用による劣化予兆監視	ダイキン工業、他
9	工程能力の可視化	神戸製鋼所、他
10	AIによる製造ラインの生産性向上 〜検査工程Part3〜	マツダ、他
11	人・モノの実績可視化／分析と最適化ーⅡ（次世代IEの追究）	マツダ、他
12	人作業のデジタル化によるロボットへの置き換えの簡易化・効率化	パナソニック、他
13	5Gを睨んだAGVシステムの開発	マツダ、他
14	設計・製造間の連携効率化〜見積業務の効率化〜	ニコン、他
15	DX-MESトレサビの新たな価値創出（KPI）	フロンティアワン、他
16	セキュア大規模データ流通サービス：エッジAI実装で生産現場の知能化	東芝、他
17	マス・カスタマイゼーションをサポートする『つながる化』	IHI、他
18	品質保証に関するデータ取引ビジネスモデルの開発	ジェイテクト、他

【2020年度テーマ一覧】

No	テーマ名	参加企業
1	検査の自動化プラットフォーム活用天国	CKD、他
2	エッジと遠隔による現場支援	三菱電機、他
3	ダイカストシリンダーブロック素材品質向上	三菱電機、他
4	製品管理のための低コストな情報取得の実現	レイマック、他
5	生産設備の消耗部品の予知保全	栗田産業、他
6	搬送機器の遠隔操作による部品庫物流自動化	マツダ、他
7	AIによる製造ラインの生産性向上第4弾	マツダ、他
8	人・モノの実績可視化ーⅢ（次世代IE追究）	マツダ、他
9	製造工程（外観検査）のリモート化	ニコン、他
10	工程能力の可視化による業務効率化	神戸製鋼所、他
11	価値を生まない"モノの搬送"革新—分析編—	セレンディップホールディングス、他
12	マス・カスタマイゼーションに効くつなげ方	IHI、他
13	エッジAIとデータ流通でIVI型製造進化	東芝、他
14	半導体CMP研磨プロセス監視への適応	荏原製作所、他
15	AEセンサーによる高速プレス機の不良検知	ミスズ工業、他
16	5Gによるサーボプレス機のインプロセス管理	ケイエステック、他

索 引

〈著者紹介〉

西岡 靖之（にしおか やすゆき）

法政大学デザイン工学部教授　博士（工学）
一般社団法人インダストリアル・バリューチェーン・イニシアティブ　理事長

1985年早稲田大学理工学部機械工学科卒業。国内のソフトウェアベンチャー企業を経て、1996年に東京大学大学院博士課程修了。2003年から法政大学教授。日本機械学会フェロー。2015年「つながる工場」のための製造業のデジタル化を支援するインダストリアル・バリューチェーン・イニシアティブ（IVI）を設立し、ものづくりとITとの融合による新たなイノベーションの創出をリードする。専門分野は知識工学、生産マネジメント、情報システムなど。

学術的な観点から中小製造業の情報システムの実装や導入支援を多く手がけ、より現実的で実用的なシステム構築のための方法論の開発に取り組む。そうした中で、現場の担当者が自らつくり上げる「ITカイゼン」のコンセプトを提唱し、その実現のためのITツールの開発や、より現実に即した中小製造業DXの支援を行っている。提案した内容のいくつかは、日本的なものづくりのモデルとしてIECなどの国際標準にも採用されている。

スマートシンキングで進める工場変革
つながる製造業の現場改善と IT カイゼン　　　　　　　　　　　NDC509.6

2021年12月25日　初版1刷発行　　　　　　定価はカバーに表示されております。

© 著　者　　西　岡　靖　之
発行者　　井　水　治　博
発行所　　日刊工業新聞社

〒103-8548　東京都中央区日本橋小網町14-1
電話　書籍編集部　　03-5644-7490
　　　販売・管理部　03-5644-7410
　　　FAX　　　　　03-5644-7400
振替口座　00190-2-186076
URL　https://pub.nikkan.co.jp/
email　info@media.nikkan.co.jp

印刷・製本　新日本印刷

落丁・乱丁本はお取り替えいたします。　　2021　Printed in Japan
ISBN 978-4-526-08159-0　C3034

本書の無断複写は、著作権法上の例外を除き、禁じられています。

日刊工業新聞社の好評書籍

新人IErと学ぶ
実践 IEの強化書
日本インダストリアル・エンジニアリング協会　編
A5判　208ページ　定価2,200円（本体2,000円＋税10%）

わかる！使える！TPM入門
〈基礎知識〉〈段取り〉〈実践活動〉
公益社団法人日本プラントメンテナンス協会　編
A5判　160ページ　定価1,980円（本体1,800円＋税10%）

金を掛けずに知恵を出す
からくり改善事例集Part4
公益社団法人日本プラントメンテナンス協会　編
B5判　152ページ　定価2,520円（本体2,300円＋税10%）

誰も教えてくれない
「部品工場の納期遅れ」の解決策
本間峰一　著
A5判　168ページ　定価2,200円（本体2,000円＋税10%）

誰も教えてくれない
「工場の損益管理」の疑問
本間峰一　著
A5判　184ページ　定価1,980円（本体1,800円＋税10%）

メカニズム展開で開発生産性を上げろ
品質と設計根拠が「見える」「使える」「残せる」
伊藤朋之、笠間 稔、吉岡 健　著
A5判　224ページ　定価2,530円（本体2,300円＋税10%）

ちっちゃな「不」の解消から始める
カイゼン活動
短期間で成果を出して勝ちグセをつける！
小野 司　著
A5判　208ページ　定価2,420円（本体2,200円＋税10%）

日刊工業新聞社 出版局販売・管理部
〒103-8548　東京都中央区日本橋小網町14-1
☎03-5644-7410　FAX 03-5644-7400